Wer die Spiegelung der Renaissancefassade von Chenonceaux, dem berühmtesten der Loire-Schlösser, im sanft dahinfließenden Cher erblickt, ahnt er, welche glanzvollen, traurigen, intrigenreichen Schicksale sich hinter diesen Mauern zugetragen haben? Ausgehend vom 16. Jahrhundert entfaltet Marguerite Yourcenar den flackernden Zauber vergangener Epochen vor den Augen des Lesers. Mit ihrem Gespür für psychologische Beweggründe und ihrem profunden historischen Wissen erzählt sie von den Königinnen und Maitressen, die dieses Schloß gestaltet und bewohnt haben: der schönen Diana von Poitiers, Witwe Karls des VIII. und um zwanzig Jahre ältere Geliebte Heinrichs des II.; von dessen rechtmäßiger Gattin, Katharina de Medici, ein Genie der Intrige, nicht nur, wenn es darum ging, das Schloß als Erbe ihrer Kinder zu verteidigen. Wir begegnen der zierlichen Königin Louise de Lorraine, Gabrielle d'Estrée, der Maitresse Heinrichs des IV., schließlich auch jenen Namenlosen, Domestiken, Gärtnern und Architekten, die das Leben der illustren Schloßbewohner auf ihre Weise annehmlich gestalteten. Dann kamen bürgerliche Celebritäten, unter ihnen Jean Jacques Rousseau, George Sand und Gustave Flaubert, danach Neureiche und Spekulanten, schließlich die Touristen.
Yourcenars kleines, unendlich reiches Buch ist ein Spiegel menschlicher Niedertracht und Tugend, ein historischer Roman in nuce und, nicht zuletzt, ein ungewöhnlicher Reisebegleiter, der nicht nur für Loire- und Frankreichreisende von außerordentlichem Reiz ist.

Marguerite Yourcenar, geb. 1903 in Brüssel, Historikerin, Literaturwissenschaftlerin, Schriftstellerin, lebte seit 1939 in den USA. 1981 wurde sie als erste Frau in die Académie Française gewählt. Ihr schriftstellerisches Werk umfaßt Erzählungen, Romane, Dramen, Gedichte, Essays und Übersetzungen. Marguerite Yourcenar starb 1987 in Maine/USA.
Im Fischer Taschenbuch Verlag: ›Gedenkbilder‹ (Bd. 5472), ›Lebensquellen‹ (Bd. 5473), ›Mishima oder die Vision der Leere‹ (Bd. 5474), ›Eine Münze in neun Händen‹ (Bd. 5476), ›Der Fangschuß‹ (Bd. 5485), ›Alexis‹ (Bd. 10071), ›Die schwarze Flamme‹ (Bd. 10072) und ›Liebesläufe‹ (Bd. 10499).

Marguerite Yourcenar

Chenonceaux

Schloß der Frauen

Aus dem Französischen
von Rolf und Hedda Soellner

Fischer Taschenbuch Verlag

11.–15. Tausend: Februar 1996

Veröffentlicht im Fischer Taschenbuch Verlag GmbH,
Frankfurt am Main, Januar 1996

Lizenzausgabe mit freundlicher Genehmigung
des Carl Hanser Verlags, München Wien
Die französische Originalausgabe erschien 1978 unter
dem Titel ›Ah, mon beau château‹ in dem Essayband
›Sous bénéfice d'inventaire‹ bei Editions Gallimard, Paris

Druck und Bindung: Clausen & Bosse, Leck
Printed in Germany
ISBN 3-596-12922-2

Gedruckt auf chlor- und säurefreiem Papier

Chenonceaux
Schloß der Frauen

Es gibt Nymphen-Schlösser, die träge am Ufer fließender Gewässer liegen; es gibt Narziß-Schlösser, die in den Spiegelungen der glatten Gewässer des Schloßgrabens gefangen sind und am Fuß der steinernen Mauer noch eine zitternde flüssige Mauer errichten. Chenonceaux gehört beiden Spielarten an. Es ist kleiner als die meisten Königsschlösser der Loire, sanft eingebettet in die idyllische Landschaft eines Fleckens der Touraine, und erweckt nicht wie Amboise oder Blois, seine großen Nachbarn, die Erinnerung an entscheidende Augenblicke der Geschichte Frankreichs. Es ist auch nicht wie Chambord ein riesiger Jagdpavillon, geboren aus der verschwenderischen Laune eines Königs. Sein fast diskreter Charme ist der Charme einer privaten Wohnstatt, und der Zufall hat es mit sich gebracht, daß es vor allem eine Frauenwohnstatt war. Und diese aufeinanderfolgenden Hausherrinnen waren durch einen weiteren, melancholischeren Zufall fast immer Witwen.

Eine Witwe hat seinen Bau geleitet; eine andere hat es mit ihrer Legende erfüllt; dieses steinerne Juwel hat Witweneifersuchten hervorgerufen oder verschärft. Liebesschloß nennt es eine gewisse Touristikliteratur: besser angebracht wäre Schloß mondäner Berechnung und gelungener oder fehlgeschlagener finanzieller Machenschaften, Haus sorgenvoller Trauer oder einsamen Alters, Objekt von Streitigkeiten im Gefolge von Bankrotten oder des Endes einer Herrschaft, ebenso hoch verschuldet wie reich an Erinnerungen, auf ewig überstrahlt vom Glanz einiger Feste, die zwischen der Unsicherheit des Gestern und der des Morgen gefeiert wurden. Wenigstens in dieser Hinsicht ist Chenonceaux ein Musterfall: Die schönen Wohnstätten hatten fast immer das Unglück, zugleich und fast zwangsläufig Luxuswohnstätten, und als solche ganz besonders den labilen Mächten des Geldes ausgesetzt zu sein, Mächten, die wir nicht immer in ihren edleren und pittoreskeren Formen von einst wiedererkennen. Nehmen wir ihr Nebeneinander an ein und demselben Ort zum Anlaß, um diese fünf Hausherren oder vor allem Hausherrinnen zu betrachten, die alle die Blütezeit einer Gesellschaft oder einer Gruppe repräsentieren, oder aber die letzte Etappe einer Ära vor ihrem Niedergang; versuchen wir, zusammenzutragen, was wir von diesen Menschen Authentisches wissen. Alles ist bereits gesagt worden: Wir werden weder die Geschichte ihres Schlosses noch die ihres Lebens mit neuen Fakten anreichern. Haben wir also den Mut, Altbekanntes wiederzukäuen; manchmal birgt es noch Überraschungen. »Diana von Poitiers«, sagte neulich ein junger französischer Romancier, der talentiert und sogar einigermaßen kultiviert ist, »ja, diese Maitresse von Franz I., die öffentlich bei Fackelschein nackt im Cher badete...« Überlassen wir solche Sinnenfreuden den Hollywoodfilmen in Technicolor, verfallen wir nicht in den Irrtum des Naivlings, der sich mit

Grausen von den Massakern und der peinlichen Befragung abwendet und froh ist, im 20. Jahrhundert zu leben; noch in den Irrtum des Liebhabers historischer Romane, der gefahrlos die schönen Verbrechen und die schönen Skandale von einst genießt; sehnen wir uns vor allem nicht nach der Stabilität der Vergangenheit. Schalten wir sogar die Scheinwerfer aus, die auf Mauern und Dächer der alten Behausungen eine Poesie zaubern, die zwar nicht der Schönheit entbehrt, jedoch nur der Reflex des Heute auf dem Gestern ist und die Dinge in ein Licht taucht, in dem sie nie standen. Im Verlauf dieser Promenade ohne Son-et-Lumière-Zauber können wir uns vielleicht eine bessere Kenntnis von diesen Menschen verschaffen, die in anderen Zeitabschnitten lebten, und von dem Ort, der so oft Spielball der Leidenschaften oder Einsatz ausgeklügelter Intrigen war und heute für den Touristen kaum mehr ist als ein edler Zeuge vergangener Pracht, eine Etappe, ein Ausflugsziel, ein Platz, an dem man sich die Füße vertritt und träumt.

Nach einer unrühmlichen Reihe von Erbschaftsteilungen, mageren Jahren, finanziellen Notlösungen, die der Geschichte dieses schönen Besitzes mit schwarzer Monotonie ihren Stempel aufgedrückt hatten, verkaufte ein ruinierter Adeliger im Jahre 1512 den alten Familiensitz Chenonceaux an einen seiner Gläubiger, den reichen Bürger Thomas Bohier, der mit Hilfe geschickt abgefaßter Verträge und am Rande der Legalität dahinschlitternder Pfändungen seit langem darauf hingearbeitet hatte, diese schöne reife Frucht zu ernten. Damals bestand der Besitz aus ausgedehnten Feldern und Wäldern, aus einem Donjon, dem einzigen Überrest eines verfallenen Herrenhauses und aus einer Mühle am Ufer des Wassers.

Thomas Bohier und seine Frau Catherine, die ebenfalls einer reichen Bankiersfamilie aus der Touraine entstammte, gehörten beide der kleinen geschlossenen Gruppe der *généraux des finances* an, die den Steuerkuchen des Königreichs unter sich aufteilten. Catherine war eine entfernte Nichte des großen Semblançay, der wegen Veruntreuung am Galgen von Montfaucon endete und dessen Unerschrockenheit angesichts des Todes Clément Marot in einem den Liebhabern der Poesie heute noch vertrauten Epigramm feierte. Diese mächtige Persönlichkeit hatte Thomas beim Erwerb von Chenonceaux unterstützt. Thomas übte die Finanzgewalt über die Normandie aus; er hatte zwei französische Könige als Rechnungsführer und Kriegsschatzmeister auf ihren Italienfeldzügen begleitet; dieser gerissene Bankier war als findiger Nothelfer in schwierigen Zeiten bei Hofe gut angeschrieben.

Catherine teilte wohl die Vorliebe ihres Mannes für den Luxus und die moderne, das heißt die italienische Kunst. Dies hinderte die beiden jedoch nicht daran, zuerst den kleinen Donjon in einem fast mittelalterlichen Stil renovieren zu lassen, mit Rankenornamenten um die Fenster, künstlichen Wehrgängen und dekorativen Pechnasen, einem Stil, der in etwa der graziösen Pseudogotik der Renaissance entsprach. Den Bau des eigentlichen Schlosses leitete Catherine Bohier, während der langen Abwesenheiten ihres Mannes, den seine Pflichten beim König, in Paris oder beim Heer festhielten. Der Name des Baumeisters, der wahrscheinlich aus der Touraine stammte, ist nicht bekannt, aber man kann sich sehr gut vorstellen, wie diese Frau, die zur Zeit Annas von Bertagne jung gewesen war und vielleicht noch die gestärkten Hauben des alten Hofs trug, auf ihrem Maultier oder ihrer Stute die gut sechs Meilen von Tours nach Chenonceaux zurücklegte, um die Erdarbeiten und die Fortschritte des Rohbaus zu überwachen.

Im Jahre 1521 machte Thomas sich zum vierten Mal auf den Weg zu den Armeen des Königs in Italien. Wenn er sich die Zeit nahm, einen Blick auf sein immer noch eingerüstetes Schloß zu werfen, dann unterschied sich das, was er sah, nicht wesentlich von dem, was wir vor Augen haben: ein quadratischer Haupttrakt mit Ecktürmchen und noch ganz mittelalterlichen Schloßgräben und mit einer Südfassade, die aus dem Fluß aufsteigt. Der neue Bau war ingeniös auf die zu Gewölben ausgehöhlten Fundamente der ehemaligen Mühle gesetzt worden, Gewölbe für die Unterbringung von Kellern, Fleischereien und einer Bootsanlegestelle, kurz, für die niederen Realitäten des Lebens, die Sache der Domestiken sind und mit deren abstoßenden Einzelheiten der Hausherr nichts zu tun haben will. Die Prunketagen, mit ihren großen Fenstern, die für Luft und Licht sorgten, mit ihren Zimmerfluchten, deren Parkett und Fliesen erst noch gelegt werden mußten, mit ihrer geraden Treppe, einer italienischen Erfindung, die die Wendeltreppen des Mittelalters ersetzte, diese Prunketagen zeugten von den Annehmlichkeiten und der Verfeinerung der Sitten, welche die Renaissance mit sich gebracht hatte. Sie bewiesen auch, daß Thomas nicht umsonst die schönen Villen der Lombardei gesehen hatte. Der Generalsteuereinnehmer plante wohl, dieses Mal Möbel und Wandbehänge aus Italien mitzubringen.

Thomas sah Chenonceaux nie wieder. Er starb knapp drei Jahre später im piemontesischen Dorf Vegelli, bei der Nachhut der in die Flucht geschlagenen französischen Truppen. Das neapolitanische Museum Capodimonte besitzt eine Serie von Tapisserien, angefertigt im Auftrag der Habsburger zur Feier ihres Sieges bei Pavia, der ein Jahr nach Bohiers Tod den verheerenden Feldzügen und somit der Begeisterung und dem Wahn von drei Generationen von Franzosen ein Ende setzte.

Diese Tapisserien bieten ein realistisches Bild der Schrecken des Krieges, unter denen Thomas Bohier die Augen schloß: Bauern, denen das Schlachtenglück der Armeen gleichgültig war, die jedoch um ihr Vieh zitterten, Haudegen, die Beute machten oder Bewohner ausplünderten, vom Pferd geworfene Edelleute, die ihre Federbuschen, ihre extravaganten Hosenlätze und ihre bestickten Gehänge durch den Dreck schleiften. Catherine bezog das endlich fertiggestellte Schloß als Witwe; sie überlebte ihren Mann um etwas über zwei Jahre.

»Mit dreißig muß man an sein Vermögen denken; mit fünfzig ist es noch nicht gemacht; man baut im Alter; und man stirbt, wenn die Maler und die Glaser kommen«, sagt La Bruyère. Das ist ungefähr die Geschichte der Bohier. Für die Großbürgerin, die zwei Jahre lang ihre Witwenexistenz zwischen diesen neuen Mauern dahinschleppte, war dieses ziemlich unrechtmäßig erworbene Gut wohl nur ein verfehlter Traum. Doch das Schloß, in dem sechs Königinnen leben oder wohnen sollten, verdankt dieser Frau eines Finanzmanns das Aussehen, das es bis auf den heutigen Tag bewahrt hat. Die von ihr geplante Brücke über den Cher wurde erst von Katharina von Medici gebaut; die Innenausstattung wurde zum großen Teil unter Heinrich II. erneuert, dann von den Restauratoren des 19. Jahrhunderts mehr oder weniger aufgearbeitet oder verdorben, doch alles in allem ist Chenonceaux das geblieben, wozu Catherine Bohier es gemacht hat.

Diana von Poitiers war achtundvierzig, als Heinrich II. ihr 1547, im Jahr seiner Thronbesteigung, Chenonceaux zum Geschenk machte. Er schenkte, was nicht ihm, sondern der Krone gehörte, da Chenonceaux inzwischen Staatseigentum geworden war. Der Sohn von Thomas und Catherine, Antoine Bohier und dessen Frau, Anne Poncher, mußten nämlich bald auf dieses Haus verzichten, das sie, wenn überhaupt, nur in Angst und Schrecken bewohnten. Bereits im Jahr 1527 war Annes Vater, der Steuereinnehmer Poncher, zusammen mit Semblançay die Leiter zum Galgen von Montfaucon hinaufgestiegen, und Antoine Bohier, der in einen der größten Finanzskandale der Renaissance verwickelt war, überließ sein Gut dem Staat als Bezahlung für eine riesige Geldstrafe. Die vorsichtige Diana wollte jedoch als Käuferin erscheinen, die Chenonceaux von einem Privatmann erworben hatte, aus Angst, das Schloß könnte ihr als Staatsgut wieder abgenommen werden, sollte ihr eines Tages unglücklicherweise die Unterstützung Heinrichs abhanden kommen. Sie richtete es also so ein, daß die bereits vor zwölf Jahren getätigte Abtretung Chenonceaux' an die Krone wegen einer angeblich gefälschten Inventaraufnahme als betrügerisch annulliert wurde und sie dann das Schloß billig aufkaufen könnte, nachdem es, um die Pfändung und Versteigerung zu erleichtern, zuvor an Antoine Bohier zurückgegeben worden war. Bohier, der geglaubt hatte, seine Geldstrafe durch die Abtretung Chenonceaux' beglichen zu haben, sollte nun abermals seine alte

Schuld gegenüber dem Staat abtragen: Er floh nach Venedig unter Mitnahme der Urkunden, die ihn als Eigentümer dieses allzu schönen Besitzes, den die Favoritin sich ohne große Unkosten angeeignet hatte, auswiesen. Der König unterstützte Diana von Poitiers in einer schamlosen Justizkomödie, die sieben Jahre dauerte; Diana gewann den Prozeß schließlich und blieb rechtens Herrin eines Chenonceaux, das sie nichts gekostet hatte, da ihr Heinrich das nötige Kapital zum Erwerb des Schlosses geliefert hatte. Man muß sich diese schmutzige Geschichte vergegenwärtigen, wenn man in den Museen die herrlichen Portraits betrachtet, die Clouet oder Jean Goujon uns von dieser Göttin der Renaissance hinterlassen haben. Die kalte Diana besaß die Gerissenheit eines betrügerischen Notars und das Temperament eines Geizhalses.

Diana von Poitiers ist eine der wenigen Frauen, die einzig für ihre Schönheit berühmt geworden und geblieben sind, eine Schönheit, so absolut und unwandelbar, daß sie sogar die Persönlichkeit der Frau, die damit begabt war, in den Schatten stellt. Die Volksphantasie hat vergeblich versucht, diesen schönen Marmor zu beleben: Man hat ihr ein melodramatisches Abenteuer mit Franz I. angedichtet, dem sie sich als ganz junges Mädchen hingegeben haben soll, um ihren zum Tode verurteilten Vater zu retten. Das Histörchen findet sich in Brantômes *chronique scandaleuse*, wo Diana anonym bleibt, in der jedoch der Anekdotenerzähler die deftigen Sprüche des Vaters zitiert oder vielmehr erfindet, der seine Zufriedenheit darüber äußert, so glimpflich davongekommen zu sein; Sprüche, die Victor Hugo am Anfang seines Dramas *Le Roi s'amuse* in eine lange empörte und tugendhafte Tirade verwandelt hat.

Doch das ist nur eine Legende, und dieser Akt töchterlicher Opferbereitschaft zeigt eine Großherzigkeit, deren Diana wohl nicht fähig gewesen war. Was man von ihr weiß, ist weniger dramatisch als einzigartig. Sie stammt aus einer Familie des Hochadels, heiratet jung einen alten Edelmann, ist eine tadellose Ehefrau und Mutter zweier Kinder, wird Witwe und begegnet mit siebenunddreißig auf einem Ball dem künftigen, zu diesem Zeitpunkt siebzehnjährigen, Heinrich II. Diese seltsame Leidenschaft für eine um zwanzig Jahre ältere Frau war die einzige Extravaganz des vorsichtigen und düsteren Prinzen, der alles in allem ein besonnener Monarch war. Sofort nach seiner Thronbesteigung schenkte er der Witwe die Kronjuwelen; er machte sie zur Herzogin; er plünderte für sie den Staatssäckel, und zu welchem Rechtsbruch ihn die Liebe zu Diana im Streit um Chenonceaux verleitete, haben wir bereits gesehen.

Heinrich war mit einer kleinen, siebzehnjährigen Italienerin verheiratet, die einen olivbraunen Teint und schöne Augen hatte, mit jener Katharina von Medici, die später als Königinwitwe ein Genie der Intrige werden sollte, zu allem bereit, wenn es darum ging, das Erbe ihrer Kinder zu verteidigen. Doch zu der Zeit, da Diana die Szene betrat, war Katharina noch immer nur eine einsame Fremde am Hof Frankreichs und sterblich in ihren Gemahl verliebt. Nie richtete sie ein Wort der Klage an Heinrich, der getreulich seine ehelichen Pflichten ihr gegenüber erfüllte (oder vielmehr schließlich erfüllte, denn es scheint, daß die weisen Ratschläge Dianas einen maßgeblichen Anteil an den Aufmerksamkeiten des Königs gegenüber der Königin hatten), so daß nach sechs langen unfruchtbaren Jahren Katharina zehn Kinder von ihm bekam. Die Königin bemühte sich, den glänzendsten Hof, die schönsten Hoffräulein zu haben; das Raffinement ihres Geschmacks und ihr realistischer Geschäftssinn machten ihrer Heimatstadt Florenz alle Ehre. Aber neben der weißhäutigen Diana war Katharina eine für die damalige Mode zu olivfarbene Frau, die zu viele Schwangerschaften und die Leidenschaft für gutes Essen aus der Fasson gebracht hatten. Die Königin und die Herzogin veranstalteten alle Feste gemeinsam; Diana pflegte Katharina und deren Kinder, wenn sie krank waren; ihre Beziehungen waren durch Rücksichtnahmen gekennzeichnet und durch das oberflächliche, aber nicht zwangsläufig unaufrichtige Wohlwollen, das öfter als man glaubt bei zwei Frauen, die sich denselben Mann teilen müssen, mit Feindschaft und Rankünе einhergeht. Es ist bekannt, daß Heinrichs Monogramm, das überall anzutreffen ist, in Fontainebleau, im Louvre, in Chenonceaux und sonstwo, aus einem *H* bestand, in das sich zwei *C* schlangen; das *C* von Catherine. Diese beiden *C* hatten jedoch die Form von Mondsicheln – Emblem der göttlichen Jägerin Diana – und schnitten sich mit den Längsstrichen des *H* derart, daß sie, einander zugewölbt, zwei *D* bildeten: den Anfangsbuchstaben des Namens Diana. Eine subtile Anordnung, die dem König und seiner Maitresse sicher so gefielen, wie sie wohl insgeheim der Gattin mißfielen.

Konventionelle Historiker haben sich gefragt, ob diese seltsame Liebe, die immer noch andauerte, als der König vierzig war und die Herzogin bereits die Sechzig überschritten hatte, nur ein platonischer Minnedienst, eine Huldigung an die Schönheit war. Es wäre das einzige Beispiel einer platonischen Leidenschaft, die den Staat so teuer gekommen ist. Keiner der zeitgenössischen Chronisten ist auf einen derartigen Gedanken verfallen, und die Königin ganz sicher auch nicht. Die prächtigen Darstellungen ihrer Nacktheit, die Diana von Malern und Bildhauern ihrer Zeit anfertigen ließ, vermitteln auch nicht gerade die Vorstellung von einer Prüden. Sie schien vielmehr eine der Frauen gewesen zu sein, wie man sie häufig antrifft, eher oberflächlich als heißblütig, skrupellos, aber äußerst bedacht auf die Konventionen ihres Milieus und ihrer Zeit, und auch in der Liebe mit dem Temperament eines Geizhalses ausgestattet. So leidenschaftlich Heinrich sie auch geliebt haben mochte, Diana liebte sich selbst noch mehr; diese Inbrunst schloß alle anderen Gefühle aus. Um ihre Schönheit intakt zu halten, unterwarf sie sich der härtesten Disziplin; sie zwang sich zu täglichen Kaltbädern; sie destillierte kunstvoll Lotionen und

Diana von Poitiers

Diana als Jägerin
Um 1550, Luca Penni zugeschrieben

Salben; sie wäre die ideale Schutzpatronin der modernen Kosmetik. Sie verwirklichte ihre zwei Lebensziele: einen ewig jungen Körper, ein ewig junges Gesicht; und ein stattliches Vermögen erlaubte ihr, dieses Kunstwerk zu pflegen und zu schmükken. Das Schönste ihrer angeblichen Portraits*, das Clouet zugeschrieben wird und sich jetzt im Museum von Worcester, USA, befindet, zeigt sie uns nackt im durchsichtigen Negligé der Zeit, wie sie, den Oberkörper gerade aufgerichtet, die Haarflechten von Perlen umschlungen, mit ihren hellen und kalten Augen die auf dem Tisch ausgebreitete Schmucksammlung betrachtet. Ein reich dekorierter Spiegel, der neben ihr steht, reflektiert das Profil dieses weiblichen Narziß. Im Hintergrund zieht eine Dienerin ein Kleid aus einer Truhe. Ihre Zeitgenossen haben angemerkt, daß Diana ihr ganzes Leben lang Witwentracht trug, gewiß nicht aus Ehrerbietung gegenüber dem alten Gatten, dessen Tod ihr den Weg zum Ruhm einer königlichen Maitresse geebnet hatte, sondern vielleicht aus einer Art konformistischer Rücksicht auf die guten Sitten, und vor allem, weil die Farben der Trauer ihr gut standen. Dieses Schwarz und dieses Weiß

* Dazu wäre jedoch noch anzumerken, daß ein in seiner Komposition fast gleichartiges Bild einer Frau vor ihrem Spiegel, das in Dijon zu sehen ist, angeblich Gabrielle d'Estrées darstellt. Es ist zwar möglich, daß dieselbe Bildgestaltung zweimal für zwei berühmte Schönheiten aufeinanderfolgender Generationen gedient hat. Ebenso möglich ist jedoch, daß diese beiden Portraits, sowie das der angeblichen Diana in der Sammlung Cook in Richmond, in Wirklichkeit nur eine schöne Unbekannte darstellen.

bringen auf alle Fälle den kalten Glanz ihrer mondbleichen Schönheit voll zur Geltung.

Chenonceaux war nie ihr Lieblingsschloß; sie zog ihm ihren Familienbesitz Anet vor, den sie mit Unterstützung Heinrichs in eine fürstliche Residenz umgewandelt hatte. Aber sie besuchte häufig diesen schönen Wohnsitz in der Touraine; einmal empfing sie dort die Königin und den Hof; der König war oft zu Gast. Heinrich und seine sechzigjährige Maitresse liebten beide die Jagd und haßten beide die Häresie; das vollkommene Gesicht der Madame de Valentinois hat wohl nicht gezuckt bei dem Bericht vom Tod einer anderen schönen Witwe, Dame Philippe de Luns, der man die Zunge herausgerissen und die man 1557 auf der Place de Grève in Gesellschaft anderer protestantischer Persönlichkeiten verbrannt hatte: den wahren Glauben und die staatliche Ordnung kann man nur mit derartigen Maßnahmen verteidigen. Doch politische Notwendigkeiten interessierten sie weniger als die gute Vermögensverwaltung. Diese unvergleichliche Hausherrin verstand es, in Chenonceaux das Angenehme mit dem Nützlichen zu verbinden; sie rundete ihre Liegenschaften ab und verdreifachte den Ertrag ihres Gutes; sie ließ Maulbeerbäume pflanzen, da Seide die große Mode und daher auch die zukunftsträchtige Industrie des 16. Jahrhunderts war. Sie begeisterte sich für die Gartengestaltung, ließ Terrassen und Parterres anlegen, schuf zwischen den Hecken des Parks Platz für ein Ballspiel und ein Ringspiel, worin sie glänzte. Sie ließ eines jener Labyrinthe fertigen, dessen ausgeklügelte Windungen den komplexen festgelegten Formen der Renaissancegedichte glichen; sie erfand eine Fontäne. Aus den unberührten Wäldern, durch die die Menschen des Mittelalters gezogen waren, holten ihre Gärtner neuntausend wilde Erdbeerpflanzen und Veilchenwurzeln in die Gärten von Chenonceaux. Die Liste der Rosenstöcke und Lilienknollen, die sie anpflanzen ließ, besitzt die blumenhafte Grazie eines Sonetts von Ronsard oder Remy Belleau.

Heinrich II. schloß 1559 den traurigen Frieden von Cateau-Cambrésis, der die Vormachtstellung der Habsburger in Europa bestätigte. Philipp II. gewann dabei Piemont, das Herzogtum Mailand, Montferrat, Korsika, Bresse und einige Festungen im Nordosten Frankreichs. Er gewann, nachdem er erst vor kurzem Maria Tudor verloren hatte, auch eine Frau: die junge Elisabeth von Frankreich, die einige Jahre später in Spanien sterben sollte, zermürbt, so wußte die Fama zu berichten, von der Eifersucht dieses düsteren Gemahls. Zur Feier der glänzenden Hochzeit Philipps ließ Heinrich II. im Faubourg Saint-Antoine eines jener Turniere ausrichten, mit denen in der Renaissance das Andenken an ein bereits legendär gewordenes Mittelalter wiederbelebt werden sollte, künstliche Duelle, veredelt durch die Pracht der Trachten, der Pferdegeschirre, der Rüstungen, und verschönt durch die Anwesenheit eines Parterres von Frauen. Der König, der ein ausgezeichneter Reiter und geschickter Kämpfer war, verkündete wie üblich seine Absicht, am Turnier teilzunehmen. Am Ende des zweiten Tags, dem 30. Juni 1559, bestand er darauf, mit dem Hauptmann seiner schottischen Garde, einem gewissen Grafen Montgomery, noch eine Lanze zu brechen. Ein Lanzensplitter drang dabei durch das goldene Visier des Helms und durchstach das Auge des Königs. Man brachte ihn ohnmächtig in seinen Louvre. Die verzweifelte Katharina erinnerte sich nun, daß die Astrologen verkündet hatten, der König werde in einem Duell sterben, was lächerlich erschienen war, da gekrönte Häupter weder persönlich an Kämpfen auf Leben und Tod teilzunehmen noch sich mit ihren Untertanen zu messen pflegten. Sie erinnerte sich auch, daß drei Jahre zuvor ein provenzalischer Arzt, der getaufte Jude Michel de Notre-Dame, genannt Nostradamus, in mysteriösen und prophetischen Vierzeilern den grausamen Tod eines Löwen mit durchbohrten Augen in einem goldenen Käfig beschrieben hatte.

Da der Tod des Königs nur noch eine Frage von Stunden war, forderte die Königin Diana auf, ihr unverzüglich die Kronjuwelen und das Gut Chenonceaux zurückzugeben. Die Herzogin weigerte sich: Zu Lebzeiten des Königs würde sie, ohne dessen direkten Befehl, auf nichts verzichten.

Aber elf Tage später starb Heinrich, und Diana mußte die Juwelen herausrücken. Beim Schloß, das sie dem Recht nach behalten durfte, da sie es dem ehemaligen Besitzer, wenn auch ein wenig außerhalb der Legalität, abgekauft hatte, leistete sie hinhaltenden Widerstand, aber Katharina setzte ihr nicht weniger hart zu, als Diana Antoine Bohier zugesetzt hatte. Die Königin vergaß nicht die Gefühle, die sie empfunden hatte, als sie der Favoritin auf deren Gut Chenonceaux einen vielleicht erzwungenen, auf alle Fälle aber demütigenden Besuch abgestattet hatte; sie erinnerte sich auch an die Schönheit des Hauses und der Gärten. Während die Höflinge ernsthaft vorschlugen, »der schönen Herzogin die Nase abschneiden zu lassen«, begnügte sie sich damit, beim Parlament geschickt eine Klage auf Rückgabe der Summen zu erwirken, die Diana vom König bekommen hatte. Ins Mark, das heißt in ihrem Vermögen, getroffen, begriff Diana, daß sie mit der Königin zu einem Vergleich kommen müsse. Aber sie handelte wie immer zielbewußt. Sie setzte auf Katharinas Leidenschaft für Chenonceaux und bot ihr das Schloß im Austausch für das Gut Chaumont an, das, rein finanziell betrachtet, mehr wert war. Katharina willigte ein. Chenonceaux war für Diana bis zuletzt ein gutes Geschäft.

Diana von Poitiers zog sich schließlich in ihren Palast Anet zurück, über dessen Eingangsportal Jean Goujon sie in der schlanken Nacktheit einer langbeinigen Göttin dargestellt hatte, die kurioserweise dem Formenkanon der Mannequins der großen Modeschöpfer des 20. Jahrhunderts entspricht, den Arm um den Hals eines großen Hirschen gelegt, der fast ebenso göttlich ist wie sie, in einer merkwürdigen Verschmelzung des klassischen Ideals und der mittelalterlichen Naturdichtung. In einem Saal des Louvre träumt man vor dieser Gruppe, dieser in Poesie umgesetzten Realität: Der Hirsch der Wälder war für Madame de Valentinois immer nur das verröchelnde Tier, von dem man ihr beim Halali als Huldigung einen bluttriefenden Lauf reichte, dann der dampfende Braten für ihre Festbanketts. Nur in der Welt der Kunst ist das Tier für die Schöne ein freundschaftlicher Begleiter; nur in der Welt der Kunst zeigt sich diese fast allen Augen unter Samt und Goldstickerei verborgene Nacktheit in aller Unschuld jedwedem Betrachter; nur in der Welt der Kunst ist die fünfzigjährige Maitresse eines Königs unsterblich.

Die wirkliche Diana brachte sich weiterhin in ihrem fast königlichen Refugium zur Geltung. Ihre einstigen Freunde hatten zwar die betagte Favoritin verlassen; aber sie blieb reich; sie war immer noch schön; ihre religiösen Gefühle machten sie zu einer Respektsperson; und ihr Haß auf die Protestanten sicherte ihr bis zuletzt das Wohlwollen der Anhänger der bestehenden Ordnung. Sie starb siebzigjährig an den Folgen eines Sturzes vom Pferd. »Ich habe Madame de Valentinois im Alter von sechzig Jahren gesehen«, sagt Brantôme, »ebenso schön von Angesicht, ebenso frisch und ebenso liebenswert wie im Alter von dreißig Jahren ... Ihre Schönheit, ihre Anmut, ihre majestätische Erscheinung waren wie eh und je, und vor allem hatte sie einen sehr weißen Teint ... Ich glaube, daß diese Dame nie gealtert wäre, selbst wenn sie das hundertste Lebensjahr erreicht hätte ... Wie schade, daß die Erde diesen schönen Körper bedeckt!«

Katharina hatte Chenonceaux unverzüglich in Besitz genommen. Wie Diana ließ sie zugleich praktische wie verschönernde Umbauten vornehmen; sie vergrößerte die ertragreichen Maulbeerbaumplantagen und errichtete im Dorf ein Seidenraupenhaus und eine Weberei; sie stellte in den Gärten Volieren auf, in denen sie seltene Vögel hielt, und akklimatisierte Olivenbäume ihrer heimischen Toskana, die prächtig gediehen; sie stellte eine Bibliothek zusammen, aus, wie es hieß, den schönen Büchern, die sie ihrem Landsmann, dem Marschall Strozzi abgekauft hatte, dem Pierre Strozzi des *Lorenzaccio* von Musset. Vor allem brachte sie im Schloß ihre turbulente Kinderschar unter, die sie dort zugleich schulmeistern und zerstreuen wollte; ihren ältesten Sohn, den kleinen König Franz II., dem es bestimmt war, mit siebzehn an einer akuten Mittelohreiterung zu sterben; Karl, ihren zweiten Sohn, den mit dreiundzwanzig eine galoppierende Schwindsucht dahinraffte und der in der Geschichte auf ewig das Blut der Bartholomäusnacht spuckt; ihren dritten Sohn Heinrich, Herzog von Anjou, den einzigen, der die mütterliche Intelligenz und Finesse geerbt hatte; ihren jüngsten Sohn, den Herzog von Alençon, ein zänkisches und hinterhältiges Kind, das sich zu einem unerträglichen Prinzen auswachsen sollte; ihre beiden Schwiegertöchter, junge, in Brokatroben und gerüschte Halskrausen eingezwängte Mädchen, Maria Stuart, die Kind-Frau des Kind-Königs Franz II., die zum Unglück ausersehen war, zum Verbrechen, zu einer fünfundzwanzigjährigen, auf dem Schafott von Fotheringhay endenden Gefangenschaft; Elisabeth von Österreich, Gemahlin Karls IX., auf die binnen kurzer Zeit der Witwenflor und, nach einigen Jahren frommer Routine in einem Wiener Kloster, der Tod wartete; schließlich ihre Tochter Margot, künftige Gemahlin des Protestanten Heinrich von Navarra, deren Hochzeitsfeierlichkeiten in einem Massaker enden sollten, ein lebhaftes, fröhliches Wesen, das von der Tragik der Familie wenig berührt wurde und in die Legende wie in die Geschichte als schönes leichtlebiges Mädchen eingegangen ist.

Chenonceaux hätte diese umfangreiche Familie zur Not aufnehmen können, aber da war auch noch der Hofstaat unterzubringen. Die Königin fügte dem Schloß endlich die schon von den Architekten Catherine Bohiers und Dianas geplante überdachte Brücke an, die als Festsaal gedacht war, vor allem aber den Hauptbau mit einer am anderen Ufer zu errichtenden Dependance verbinden sollte, ein Projekt, das bisher lediglich aus Geldmangel nicht verwirklicht worden war. Das Dachgeschoß der zweistöckigen Galerie wurde in Kammern für die Domestiken unterteilt, vermutlich jedoch von den Höflingen mit Beschlag belegt.

Die Feste, die Katharina in Chenonceaux gab, waren zwar immer von einer erklärten oder heimlichen politischen Absicht bestimmt, vor allem aber vom Temperament dieser vielbeschäftigten Frau, die stets Lärm um sich brauchte, Fröhlichkeit, glanzvolle und gefällige Vergnügungen. Alle diese

Katharina von Medici

Hofball im Louvre
24. September 1581; unter dem Baldachin
Katharina von Medici und ihr Sohn
König Heinrich III.

Feste, mit Ausnahme des letzten, das eine besondere Erwähnung verdient, gehören dem allegorischen und mythologischen Genre an, das damals sehr in Mode war: Ballette und Serenaden auf dem Rasen und auf dem Wasser, Dekors, gemalt von Primaticcio, Wildschweinjagden, die wie Theaterintermezzi geregelt waren und in den Schloßgärten endeten, damit der junge König bequem aus seinen Gemächern herabsteigen konnte, um mühelos einer Bache, die seine Hunde bereits halb zerrissen und seine Edelleute bereits halb erdolcht hatten, vollends den Rest zu geben. Schöne, als klassische Gottheiten verkleidete Mädchen hielten endlose Lobreden auf die königliche Familie, und Feuerwerke, diese frisch aus Italien eingeführte Belustigung, färbten Wasser und Wälder glutrot. Das erste dieser Feste fand einige Tage nach den summarischen Hinrichtungen statt, die auf den protestantischen Handstreich gefolgt waren, der als Aufruhr von Amboise bekanntgeworden ist. Diese Pfählungen, Vierteilungen und Enthauptungen hatten den Hof anfänglich amüsiert wie eine Art blutiger Mummenschanz. Doch man bekommt alles einmal satt: Katharina drehte den Leichen der Aufständischen, die wie Hühner an den zierlichen Balkonen von Amboise hingen, den Rücken und reiste mit Gefolge und Kindern nach Chenonceaux ins Grüne.

Katharina von Medici, oder vielmehr ihr Sohn Heinrich III. gab im Mai 1577 in den Gärten von Chenonceaux eines jener Feste, deren sich nachträglich die Legende bemächtigt, um daraus das phantastische und fast skandalöse Symbol einer Epoche, einer Welt, einer gewissen Art zu genießen und zu träumen zu machen.

Am 15. Mai hatte Heinrich seinen jüngeren Bruder, den widerwärtigen Herzog von Alençon, in Plessis-lez-Tours auf das prächtigste bewirtet, ihn und die hohen Herren, die bei La Charité einen Sieg über die Hugenotten errungen hatten, dem einige Tage darauf ein weiterer bei Issoire folgen sollte, mit den anschließenden üblichen Massakern. In der alten königlichen Residenz von Plessis-lez-Tours scheint das vor dem Hintergrund des Bürgerkriegs veranstaltete Bankett eine typische Mai-Belustigung in der Tradition der mittelalterlichen Frühlingsfeste gewesen zu sein, verbessert und verschönt von einem Schüler Primaticcios: Sechzigtausend Francs hatte allein der grüne Satin gekostet, mit dem die Damen und Höflinge in Dryaden und Waldgötter verwandelt wurden. Anschließend empfing Katharina die ganze Gesellschaft in Chenonceaux.

In diesem noch charakteristischeren Renaissancedekor war das von der alten italienischen Königin gebotene Fest, wie es scheint, noch zügelloser und prunkvoller und vielleicht auch eher auf den Hintergrund römischer Weinberge oder florentinischer Villen abgestimmt als auf den eines französischen Parks. Der sechsundzwanzigjährige König trat dabei, wie es seine Gewohnheit war, geschmückt und geschminkt auf; es ist keineswegs erwiesen, daß er an jenem Abend, wie man behauptet hat, die halb weibliche Kleidung mit der dreireihigen Perlenkette im Dekolleté trug, wie bei den Karnevalsmaskeraden desselben Jahres. Die Hofdamen und Hoffräulein, die bei Tisch servierten, steckten in der enganliegenden und buntscheckigen Tracht der Pagen oder zeigten sich, als Nymphen der Schule von Fontainebleau verkleidet, mit entblößter Brust, nackten Beinen und aufgelöstem Haar. Das Fest stand im Zeichen der Wollust, aber sicher nicht in dem des Vertrauens: Der König verabscheute seinen Bruder. Von diesem Bankett, das die Phantasie der modernen Historiker so erhitzt, weiß man im Grunde nicht sehr viel Genaues; nur eins: Es kam so teuer, daß die ohnehin finanziell äußerst bedrängte Königinwitwe ihre italienischen Geschäftsleute zur Ader lassen mußte, die sich ihrerseits umgehend am Volk schadlos hielten. Man kann sich jedoch unschwer den bei diesen Wonnen des 16. Jahrhunderts üblichen Aufwand vorstellen, der unter den noch jungen Bäumen entfaltet wurde: goldenes Tafelgeschirr, seidene Tischdecken, den schmelzenden Ton der Rebecs und der Viole d'amore; und unschwer auch die Paare, die sich im Park verloren oder sich in den Kämmerchen der neuen überbauten Brücke trafen, deren erleuchtete Galerien sich im Wasser spiegelten.

Bei dieser Orgie, wenn es denn eine war, saß Katharina in ihrem gewaltigen Witwenornat neben Louise von Lothringen, der jungen und frommen Gemahlin Heinrichs III. Historiker unserer Tage haben vermutet, daß die Königinmutter von diesen schönen Nymphen und reizenden falschen Pagen erwartete, sie würden einen jungen, relativ weiberfeindlichen König den Frauen geneigter machen: Das hätte die Anwendung sehr zweifelhafter Mittel bedeutet, die mehr dazu angetan waren, dem König in seinen Leidenschaften zu schmeicheln, als ihn zu einem Schäferviertelstündchen mit der Königin zu bewegen. Dieses ausgelassene Fest trug weniger den Stempel Katharinas als den Heinrichs, seiner Vorlieben, seiner Chimären. Heinrich gehörte zu den Menschen, für die ein Kostüm, ein Ballettauftritt, die einzigartigen Einfälle einer einmaligen Nacht lebende Gedichte sind, die ebenso viel Sorgfalt und Mühe verdienen wie dauerhaftere Meisterwerke. Bei diesem schamlosen und auf alle Fälle wenig politischen Fest ist der König kaum in neue Gefilde vorgestoßen: Er gab nur den geheimen Sehnsüchten der zu Ende gehenden Renaissance freien Lauf, ihrer Vorliebe für das Zweideutige, ihrem wollüstigen Sinn für Verwandlung und Verkleidung. Er leistete sich an jenem Abend so etwas wie eine vorweggenommene Komödie Shakespeares oder ein mythologisches Märchenspiel, wie es der Gaveston Marlows seinem Eduard II. bietet.

Unter diesen selben Bäumen sollte Louise von Lothringen in den letzten zwölf Jahren ihres Lebens herumirren, ein trostloser Schatten, gekleidet in das weiße Trauergewand der Königinnen. Diese pathetische Louise gehörte dem illustren Haus Lothringen an, aus dem auch, mütterlicherseits, Maria Stuart und, väterlicherseits, Marie-Antoinette hervorgegangen sind. Aber Louise stammte aus einem armen und relativ unbekannten Zweig dieser großen Familie; ihr Vater war Graf von Vaudémont. Ihre Mutter, Margarete von Egmont, verband sie mit der Aristokratie der Niederlande, und sie selbst war die Nichte des großen Egmont, der auf Befehl des Herzogs von Alba auf einem Schafott in Brüssel enthauptet worden war. Doch diese Erinnerung, die uns heute noch bewegt, dürfte die Höfe und Kanzleien des 16. Jahrhunderts kalt gelassen haben. Mademoiselle de Vaudémont war zwanzig im Jahre 1573, als Heinrich auf dem Weg nach Polen, diesem turbulenten Land, dessen Reichstag ihn zum König gewählt hatte, durch Nancy kam. Als der zweiundzwanzigjährige König bei dieser Durchreise Louise sah, stand er völlig im Bann einer romantischen Leidenschaft für die schöne und gute Maria von Cleve, Gemahlin eines protestantischen Fürsten, der seine Frau aus Eifersucht vom Hofe fern hielt. Dieser komplexe Heinrich, dessen spärliche Frauengeschichten bis dahin nur der Ausfluß einer sinnlichen Neugier oder Zugeständnisse an die Sitten und Gewohnheiten gewesen zu sein schienen, träumte nun davon, Marias Ehe in Rom annullieren zu lassen; er wurde von ihr, wie es scheint, keusch geliebt. Die flüchtig gesehene Louise gefiel ihm vielleicht aufgrund irgendwelcher Ähnlichkeit mit dieser Maria, von der er soeben mit Tränen, leidenschaftlichen Sonetten und Schwüren ewiger Liebe Abschied genommen hatte.

Ein Jahr später erhielt Heinrich in seinem Krakauer Palast Kenntnis vom Tod seines Bruders Karls IX., der nur ein kleines Mädchen hinterließ. Gefolgt von nur acht oder neun jungen Franzosen aus seinem engsten Kreis, entwischte der König der Wachsamkeit der Posten und ritt in gestrecktem Galopp auf die Grenze zu, dicht bedrängt von seinen schnauzbärtigen und in lange orientalische Trachten gekleideten polnischen Adeligen, die ihm auf lateinisch zuriefen, er solle umkehren. Heinrich kam erst in Wien wieder zu Atem, wo sein Pferd ein Opfer dieser mehr romantischen als königlichen Flucht wurde und unter ihm zusammenbrach. In Venedig, wo man glänzende öffentliche und private Empfänge für ihn vorbereitet hatte, verweilte er mit Wonne; laut Überlieferung soll er sich dort von einer Kurtisane die »italienische Krankheit« geholt haben, die banale syphilitische Infektion, die bei ihm noch zur erbbedingten Schwindsucht dazukam und vielleicht zum Teil die nervösen Störungen dieses zugleich tragischen, oberflächlichen und hellsichtigen Fürsten erklärt.

In Lyon fand der König seine Mutter und den Hof wieder, und mit ihnen die beiden gleicherweise erbitterten Parteien, die Katholiken und die Protestanten, die sich um Frankreich stritten. Sofort wurde er mit der Frage der Heirat konfrontiert, der dringendsten aller Fragen in dieser Familie, deren Söhne jung starben. Heinrich erfuhr zu seinem großen Schmerz, daß er Maria von Cleve niemals wiedersehen würde; sie war zwanzigjährig im Kindbett gestorben, in trauriger Ergebung bis zuletzt dem Gemahl treu, den sie selbst als den großherzigsten, aber auch eifersüchtigsten aller Fürsten beschrieb; dieser Tod schien den Weg freizumachen für eine große politische und dem Land nützliche Verbindung.

Katharina hatte einst ihren Lieblingssohn der alternden Elisabeth von England angetragen, aber Ihre Jungfräuliche Majestät hatte nein gesagt zu diesem Projekt, an dem übrigens auch der junge Mann wenig Gefallen gefunden hatte; eigentlich schade: Es wäre interessant gewesen zu sehen, welches Gespann die zwei seltsamsten und putzsüchtigsten Menschen ihres Jahrhunderts abgegeben hätten. Katharina dachte nun an eine schwedische Verbindung, durch die das katholische und das protestantische Europa einander hätten nähergebracht werden können; sie schlug eine nordische Schönheit vor, die Tochter Gustav Wasas: Aber der König war nicht mehr der fügsame Sohn der Königinmutter. Er war auch nicht mehr der junge Generalissimus, der einst gefeiert worden war, weil er in der Schlacht bei Moncontour gnadenlos die Protestanten niedergemetzelt hatte. In der Politik schwebte ihm eine gemäßigte Linie vor, die er gewissermaßen von Katharina geerbt hatte, jedoch auf seine Art weiterverfolgen wollte. Diese Mäßigung entsprang übrigens eher der Absicht, zwei Faktionen geschickt gegeneinander auszuspielen, als dem Streben nach Toleranz oder Gerechtigkeit, um die sich ohnehin niemand scherte.

Auch körperlich hatte sich der König verändert. Die ersten von Clouet gemalten Portraits zeigen einen stolzen jungen Mann mit einer feinen Physiognomie von wollüstiger, fast italienischer Schönheit, und dieses Aussehen erklärt vielleicht manche Wesenszüge seiner Geschichte. Die Jugendfrische welkte jedoch sehr schnell dahin und der Künstler hat nun einen Mann mit verschwommenen Zügen, schütterem Bart und mit einer knochigen und hohen Stirn vor sich, dem nur das Lächeln und der Blick eine unleugbare Anmut verleihen. Im Privatleben hatte Heinrich sich in Polen den Hang zu einem fast orientalischen Pomp zugelegt, merkwürdig gepaart mit einem unvorsichtig zwanglosen Gebaren, das er mit seinem Blut bezahlte. Er umgab sich immer ausschließlicher mit arroganten und charmanten Jünglingen, die fast durchweg mittelmäßiger Herkunft waren und einen gesegneten Appetit auf Geld und Ehren hatten, umtriebige Mignons, von denen übrigens viele ihrem Fürsten mit großer Unerschrockenheit dienten. Kurz, der neue König widersetzte sich entschlossen den Heiratswünschen seiner Mutter. Da es aber doch sein mußte, wollte Heinrich nur jene obskure Mademoiselle de Vaudémont ehelichen, die er vor einem Jahr in Nancy flüchtig gesehen hatte.

Diese Ehe, die politisch nichts einbrachte, empörte Katharina. Zudem stand zu befürchten, daß die ohnehin schon bedrohlich mächtigen Fürsten des Hauses Lothringen durch diese Verbindung in Frankreich den Einfluß der von ihnen geführten »katholischen Rechten« noch mehr stärken würden. Heinrich ließ sich nicht beirren. Er schickte unverzüglich einen seiner Favoriten los, der Louise, nach den höfischen Gepflogenheiten, stellvertretend für ihn heiraten sollte. Das junge Mädchen hatte bis dato unter den Augen der zwei Stiefmütter, die der Vater ihr hintereinander gegeben hatte, ein unauffälliges Leben geführt; sie glaubte daher an einen üblen Scherz, als ihre Stiefmutter Catherine d'Aumale eines schönen Morgens in ihr Schlafzimmer trat und einen Hofknicks machte, bevor sie ihr verkündete, sie, Louise, werde in Kürze Königin von Frankreich sein.

Heinrich und Louise wurden zusammen in Reims gekrönt. Man mußte die Zeremonie um mehrere Stunden verschieben, da der König nicht damit fertig wurde, seine Gemahlin eigenhändig anzukleiden und zu schmücken, diese kleine Königin, die alle Texte der Zeit einstimmig als bezaubernd erklären. War sie es wirklich? Ein weniger schmeichelhaftes Portrait im Louvre zeigt uns eine junge, etwas schafsgesichtige Frau mit träumerischen Augen und einem sanften und doch reichlich eigensinnigen Gesichtsausdruck.

Das Paar führte fünfzehn Jahre lang eine harmonische, wenn auch vielleicht so gut wie nicht vollzogene Ehe. Louise verrichtete weiterhin ihre Werke der Barmherzigkeit, wie schon vorher in

Nancy: Sie pflegte die Kranken in den Hospitälern, wusch sie und begrub eigenhändig die Toten. Diese frommen Beschäftigungen hinderten sie nicht daran, dem König bei den meisten seiner ständigen Reisen zu folgen, nach Blois, Chenonceaux, Plessis-lez-Tours, Amboise, Olinville, an der Seite der Königinmutter und der goldgeschmückten Favoriten, schönen, händelsüchtigen jungen Leuten, die sich in Duellen dezimierten und deren Tod Heinrich beweinte, wie er Maria von Cleve beweint hatte. Einer von ihnen erhielt die Schwester Louises zur Gemahlin; am Abend der überaus glänzenden Hochzeitsfeier erkühnte sich die kleine Königin, ihrem Gemahl ein Ballett zu bieten, das sie selbst erdacht hatte; sie trat dabei als Nymphe verkleidet auf und, wie ein zeitgenössischer Chronist berichtet, im Schmuck fast himmlischer Süße und Würde unter all ihren Perlen und Silberstickereien.

Das *Journal* von Pierre de l'Estoile vermeldet, daß sie auch bei weniger erheiternden Zeremonien mit von der Partie war: Sie wohnte mit dem König und der Königinmutter der Vierteilung des Verräters Salcève bei, in einer Loggia des Rathauses, die zu diesem Anlaß für Ihre Majestäten besonders hergerichtet und ausgeschmückt worden war und in der es sicherlich weder an Eleganz noch an Komfort mangelte. Nachdem die Pferde sich zweimal ins Zeug gelegt hatten, wurde dem Unglücklichen die Gnade der Erdrosselung zuteil. Unsere Gefühle werden so sehr durch die Gewohnheit geregelt, daß die kleine barmherzige Königin diese Horrorszene wohl ganz natürlich fand: die Kraft der unschuldigen Bestien, mit deren Hilfe ein lebender Körper zerrissen wurde, die mächtigen Tiere, die unter großem Gefluche gepeitscht oder angespornt wurden, die Schmerzensschreie des Opfers und selbst das wilde Vergnügen der Menge. Man fragt sich, was Louise von den weniger blutigen Zerstreuungen hielt, von den nächtlichen Streifzügen des Königs und seiner Kumpane, die Passanten beleidigten oder belästigten, oder von den Anfällen religiöser Schwärmerei, bei denen Heinrich und seine Freunde, in das traditionelle Gewand der Flagellanten gekleidet, mit entblößter Brust, den Kopf mit Asche bestreut, plötzlich auf den öffentlichen Plätzen die Schreie und die Tränen der Buße zum besten gaben, so wie dies etwa heute in Sevilla während der Karwoche der Brauch ist.

Beide waren von dem Gedanken an einen Sohn besessen, von dem man zu Recht oder zu Unrecht glaubte, er würde die Dynastie festigen. Hier zögert man, denn der König und die kleine Königin haben ihre armseligen Alkovengeheimnisse gut gehütet. In dem Jahr, in dem das zügellose Fest unter den Bäumen stattgefunden hatte, kehrt der König nach Chenonceaux und dann nach Amboise zurück, um Louise zu holen, die sich in der Touraine verbarg, krank vor Kummer, da sie zu Unrecht annahm, Heinrich würde sie wegen ihrer angeblichen Unfruchtbarkeit verstoßen. Die öffentliche Meinung schrieb die Kinderlosigkeit dem zu, was man von den Krankheiten und Lustbarkeiten des Königs zu wissen glaubte. Wie auch immer, Heinrich und Louise hofften bis zuletzt auf ein Wunder; sie steigerten ihre Schenkungen an die Kirchen; sie machten ermüdende Wallfahrten, manche zu Fuß; sie brachten aus Chartres geweihte Nachthemden mit nach Hause. Eines Tages gab eine Hofdame der Königin den Rat, sie solle sich doch einen Thronerben durch das menschlichere Mittel des Ehebruchs verschaffen; Louise entzog der schlechten Ratgeberin ihre Gunst.

Trotz seiner dramatischen Frömmigkeitsanfälle hatte dieser gut katholische König nichts von einem Sektierer: Er widersetzte sich erfolgreich dem Ansinnen, in Frankreich die Inquisition einzuführen. Als junger Mann hatte er sogar seine Protestantismus-Krise durchgemacht und einen Psalter mit sich geführt, wohl weniger aus Glaubens- denn aus Modegründen. Doch die beiden miteinander im Streit liegenden Religionen waren, wie dies so oft bei rivalisierenden Ideologien der Fall ist, mittlerweile kaum mehr als ein Vorwand oder eine Maskerade für die Gewalttätigen und Ehrgeizigen, ein Mittel zur Erregung der Massenhysterie, sie dienten nur noch dazu, in den Augen der Toren die Absichten der Schlauen zu heiligen. Die protestantischen Fürsten dachten an ihre Prärogative und an ihren Anteil an der Macht; die Führer der Liga hatten schlimmere Ziele. Da Heinrich sein ganzes Leben lang zwischen zwei für die Monarchie gleicherweise verhängnisvollen Faktionen lavierte, ist es nicht verwunderlich, daß er das Ruder bald verzweifelt nach rechts, bald verzweifelt nach links herumwarf.

Den Ablauf der Ereignisse kennt jeder, oder glaubt jeder zu kennen, wenn der Bericht darüber auch oft durch Parteilichkeit verfälscht oder durch die Volkshistorie melodramatisiert wurde. Im Mai 1588 mußte der König aus dem von der Liga gebeutelten Paris fliehen, ungefähr so, wie er vordem aus Krakau geflohen war, doch dieser vorzeitig gealterte Mann war nicht mehr der tollkühne Reiter von einst. Im August lieferte sich der hilflose, von seiner Mutter zu Konzessionen gedrängte Heinrich mit dem Edikt von Alençon eben jener katholischen Rechten und ihren gefährlichen Rädelsführern aus, dem Herzog von Guise und dessen Bruder, dem Kardinal, die sich zugleich als Diktatoren und Demagogen aufspielten. Im Dezember setzten die beiden Guise Heinrich auf seinem Schloß in Blois unter Hausarrest, doch obgleich er von den zerstrittenen Generalständen kaum unterstützt wurde, weigerte er sich, die Urkunde zu unterzeichnen, die seinen protestantischen Cousin Heinrich von Navarra von der Thronfolge ausgeschlossen und dem Herzog von Guise den Zugriff auf die Krone Frankreichs erlaubt hätte.

Die Liebhaber großer historischer Szenen lassen sich nur zu sehr durch das Melodram von Blois ablenken und vergessen dabei, daß im Sommer 1588 die unbesiegliche Armada schließlich in See gestochen war; die so französischen, ja pariserischen Umtriebe der Liga waren in Wirklichkeit eine der Speerspitzen der großen Einkreisungsbewegung, die Philipp II. gegen Westeuropa lancierte. Der harte Schlag, den Spanien durch die vernichtende Niederlage seiner Flotte erlitt, bestärkte Heinrich offenbar in seinem Widerstand gegen die Rädelsführer einer Partei, die mit spanischem Gold bestochen worden war. Der Wind und der Regen, die in jenen Tagen die Landschaft der Touraine peitschten, waren gewissermaßen die Ausläufer der Stürme, in denen einige Wochen zuvor die letzten Reste der gefürchteten Armada untergegangen waren. Heinrich hatte sich wieder gefaßt. Dieser Fürst, den seine Feinde reif für eine widerstandslose Abdankung geglaubt hatten, bereitete sich mit der List und der Vorsicht eines Gefangenen darauf vor, den Agitator durch das einzige Mittel zu beseitigen, das ihm noch blieb, durch Mord.

In der Nacht vor dem Mord suchte ein entschlossener, aber angstgeplagter Heinrich ein wenig Ruhe bei der Königin, vor der er wohl den Grund seiner Schlaflosigkeit verborgen hielt. Er hatte schon früh im Leben gelernt, allen zu mißtrauen, selbst seiner Mutter, die übrigens jetzt nur noch eine alte kranke Frau war, zwischen zwei Arzneitränken vor sich hin döste, jedoch in ihrem ein Stockwerk tiefer gelegenen Schlafzimmer beim geringsten ungewohnten Geräusch in dieser unruhigen Nacht aufschreckte. Heinrich hatte auch einigen Grund, seiner Frau wegen ihrer Verwandtschaft mit den lothringischen Fürsten, die er beseitigen wollte, zu mißtrauen. Die Folge der Ereignisse bewies die absolute Loyalität Louises, aber sie dürfte an jenem Morgen nicht gewußt haben, warum Heinrich sich vor Tagesanbruch wecken und ankleiden ließ. Alles ging nach Plan: Die Ermordung des Herzogs von Guise erregte die öffentliche Meinung in Europa kaum: »Der König von Spanien hat einen weiteren seiner Hauptleute verloren«, murmelte Papst Sixtus V. Aus einem Papier, das man in den Taschen des Herzogs fand, ging hervor, daß es monatlich zweihunderttausend Taler gekostet hatte, den Bürgerkrieg in Frankreich zu schüren. Der König hatte sich also über die Quelle des Übels nicht getäuscht.

Paris aber brodelte wie ein Hexenkessel. Die alte Königin starb, und Louise war nunmehr das einzige weibliche Wesen in der Umgebung des Königs. Da brachte ein kleiner Pariser Kolporteur Nachrichten aus der großen Stadt. Mit der bedenkenlosen Ungezwungenheit, die er bis zuletzt allen gegenüber an den Tag legte, ließ Heinrich den Händler frühmorgens in das Schlafzimmer eintreten, in dem er mit Louise lag, und fragte ihn, ob es stimme, daß die guten Aufständischen ihn nun nur mehr Heinrich von Valois nannten. Der Mann sagte ja. »Nun«, antwortete Heinrich fröhlich, »dann berichte ihnen, daß du Heinrich von Valois zusammen mit der Königin im Bett gesehen hast.« Man kann sich die zarte Röte vorstellen, die Louise ins Gesicht stieg, ihr Lächeln und ihr Vergnügen, als sie mitten in der Gefahr diesen Scherz hörte, der sie zum zweiten Mal zu krönen schien.

Als der König aufbrach, um mit Hilfe Heinrichs von Navarra Paris zurückzuerobern, ließ er Louise in dem relativ sicheren Chinon zurück. An einem Julimorgen des Jahres 1589 wurde Heinrich in

Saint-Cloud, einige Stunden vor der geplanten Einnahme der Hauptstadt, in seinem Ankleideraum von einem Pariser Mönch niedergestochen, dem er unvorsichtigerweise eine Audienz gewährt hatte. Einer seiner ersten Gedanken galt der Königin. Entweder wußte er noch nicht, daß seine Verwundung tödlich war, oder er wollte auf alle Fälle der jungen Frau eine gefährliche und ermüdende Reise ersparen, denn er schrieb ihr: »Ma Mie, betet für mich und rührt Euch nicht vom Fleck.« Nachdem Heinrich III. dann einmal mehr Heinrich von Navarra als Erben anerkannt und ihm diejenigen seiner Günstlinge empfohlen hatte, denen er noch trauen konnte, verschied er im Alter von siebenunddreißig Jahren. Wenn man Brantôme Glauben schenken darf, dann hat ein junger Mann mit Namen L'Isle-Marivaut, der zum Gefolge des Königs gehörte, sich unverzüglich in einem Duell töten lassen, um seinen Herrn nicht zu überleben.

Heinrich III. ist von den älteren Geschichtsschreibern, die alle gegen ihn gerichteten Schmähungen für bare Münze genommen haben, so heftig verleumdet und von manchen Historikern des 20. Jahrhunderts so glühend verteidigt worden, daß es schwerfällt, sich ein gerechtes Urteil über diesen komplexen Fürsten zu bilden. Er widerstand allen Exzessen, dank eines angeborenen gesunden Menschenverstandes, aber auch ganz einfach aus Schwäche; er strebte notgedrungen nach Frieden zu einer Zeit, in der jeder auf Krieg setzte, er war mehr Politiker als Staatsmann, seine Nerven und seine Launen spielten ihm übel mit, aber seine zugleich enge und strenge Auffassung von seinem königlichen Amt gab ihm Halt: Dieser labile Monarch hatte recht und schlecht vierzehn Krisenjahren standgehalten und auf dem Sterbebett seine Krone dem Mann hinterlassen, den die Erbfolgegesetze des Reichs dazu bestimmten. Das war wenig, und das war viel. Die Geschichte kennt mittelmäßigere und schändlichere Fürstengestalten.

Louise wollte gerade Chinon, wo die Pest ausgebrochen war, verlassen, als der Bote mit dem letzten Brief des Königs und der Nachricht von seinem Tod ankam. Ihre Vertrauten hielten beides vor ihr verborgen. Sie brachten die Königin nach Chenonceaux, das zwar vor Handstreichen weniger sicher war als die riesige Festung am Ufer der Loire, jedoch bequemer, angenehmer und in diesen Sommermonaten wohl auch kühler und vielleicht auch besser vor der Epidemie geschützt. Sie haben gut daran getan. »Ma Mie, betet für mich und rührt Euch nicht vom Fleck.« Louise legte das, was nur die Empfehlung eines Verletzten und nicht der Wille eines Toten war, buchstäblich aus und beschloß, den Ort, wo sie zufällig die letzte Botschaft Heinrichs entsiegelt hatte, nie wieder zu verlassen. Das ist die romantische Erklärung. Eine andere, prosaischere, besagt, daß Chenonceaux, ein direktes Vermächtnis der Königinmutter an Louise, der einzige Besitz war, der der jungen Witwe noch verblieb. Wie auch immer, zwölf Jahre lang sollte dieses Lustschloß als Gedenkkapelle für eine Erinnerung dienen.

Die Renaissance ist die Epoche der großen Witwentrauern: Johanna die Wahnsinnige auf den Straßen Spaniens, Margarete von Österreich in Brou, Vittoria Colonna in einem römischen Kloster und, vielleicht weniger aufrichtig, Katharina von Medici im Louvre. Doch keine dieser Trauern ist so pathetisch wie die der kleinen Königin, die bis zuletzt einem Fürsten verbunden blieb, der von den einen beschimpft und von den anderen vergessen worden war. Louise ließ das Erdgeschoß von Chenonceaux schwarz ausschlagen. Die mit einem Bild des sterbenden Christus geschmückte Kapelle wurde für eine immerwährende Totenmesse hergerichtet. Sie ließ an die Decken die makabren Todessymbole malen, die zur Zeit der Renaissance in Mode waren: Totenschädel, Gebeine, Grabschaufeln, und vor allem, zu Tausenden, Tränen. Eine derart geschmückte Kassette kann man heute noch an der Decke der großen Galerie sehen als ein etwas verblichenes Zeugnis eines außergewöhnlichen Schmerzes. Bei ihrer Betrachtung wird einem wieder einmal klar, daß dieses so frenetisch dem Leben zugewandte Jahrhundert auch dem Tod all das abgewinnen konnte, was er an Poesie, Pracht und Anzeichen der Ewigkeit enthält. Die Epoche, in der die zierliche Louise ihre Existenz in ihrem Refugium und in ihrer Trauer beendete, war auch die Zeit, in der Shakespeare die Selbstgespräche Hamlets und das Gespräch mit dem Totengräber schrieb.

Mihi, sed in sepulchro. Mein, aber im Grab. Dieses Motto, das Louise gewählt hatte, spiegelt genau die Realität ihres Witwenlebens wieder. Die bescheidene Gemahlin von einst wechselte gewissermaßen in das Fach der ersten Liebhaberin; sie nahm dabei diesen Ehemann, den ihr so viele wollüstige oder tragische Ablenkungen ohne Unterlaß entzogen hatten, nun völlig in Besitz. Wohl nie war ihr Heinrich näher gewesen; nie war sie sich so unentbehrlich vorgekommen. Endlich konnte sie ihm dafür danken, daß er ihr bis zuletzt einen Platz in seinem Herzen bewahrt hatte. Wenn man diese Jahre der Versenkung in das Gedenken an einen Toten als einen romantischen und sterilen Alptraum betrachtet, dann vergißt man ganz einfach das fromme Vertrauen der Königin in die Wirksamkeit des Gebets, ihr dauerndes Bemühen, Heinrich in der anderen Welt beizustehen und ihn zu trösten. Auf schmerzenden Knien in der Hauskapelle – die Feuchtigkeit, die vom Fluß aufsteigt, hat ihre Gelenke versteift – legt Louise in Chenonceaux diesem Toten gegenüber dieselbe und selbstverständliche Opferbereitschaft an den Tag wie eine Frau, die bis zur Erschöpfung einen geliebten Kranken pflegt. Nicht einem poetischen Phantom weihte Louise ihr Leben, sondern einer Seele.

Man sieht sie förmlich in dem weißen Trauergewand, das die Sitte den Königinnen vorbehielt, die nicht wie Katharina von Medici Königinmütter waren. Ihr Gefolge beschränkte sich auf einige Edelleute und Hofdamen, und ihr Haushalt war äußerst bescheiden, denn sie war arm. Heinrich war nun seit sechs Jahren tot und der Bürgerkrieg tobte immer noch: die Preise stiegen und das vernachlässigte Gut warf kaum etwas ab. Aber Louise war an Sparsamkeit gewöhnt; mehr als einmal hatte Heinrich die Apanage seiner Frau beschnitten, um die Kosten für ein Fest oder die Zuwendungen an einen Günstling zu berappen. Man hatte sich einst über die bescheidenen Geschenke mokiert, mit denen sie die prachtvollen Präsente ihrer Schwägerinnen erwiderte. Im großen Kamin brannten nur einige Scheite. Vor einem mit Tränen bestickten Paravent saß Louise am Feuer und hielt vielleicht auf ihrem Schoß einen der kleinen Spaniels, für die Heinrich und sie die gleiche Leidenschaft hegten. Oder sie hatte, als nostalgische Erinnerung an die Kapricen von einst, ein Äffchen oder einen Papagei an ihrer Seite. Die Gewänder der Personen ihres Gefolges zeigten, wie ihre eigenen, den altmodischen Schnitt des vorherigen Hofs. Man sprach von den kleinen, ländlichen Ereignissen, vom Wetter, das immer weniger gut war, als man es für die Ernte erhoffte, von der letzten Predigt in der Kapelle, von der Art, wie die Seelenmesse für den verewigten König gesungen worden war; man besprach die Speisenfolge der nächsten Mahlzeit; man diskutierte darüber, ob es angebracht sei, von dem schmalen Haushaltsgeld den Betrag zum Kauf einiger Krüge Wein für einen Rekonvaleszenten oder einer Garnitur Windeln für eine Wöchnerin abzuzwacken. Monsieur Adam, der Schloßintendant, wetterte gegen Heinrich von Navarra, der einem seiner Obristen erlaubt hatte, auf dem Grund und Boden von Chenonceaux Quartier zu beziehen, mitsamt seinem Regiment, dessen Soldaten die Pächter belästigten und Bäume fällten. Das Schloß blieb mit allen Schulden belastet, die die Königinmutter gemacht hatte; der magere Ertrag der Pachthöfe reichte nicht aus, um die Gläubiger Katharinas zu besänftigen. Dabei müßte man dringend das Parkett im Schlafzimmer der Königin erneuern; die anderen Fußböden könnten noch etwas warten. Zwischen den Menschen, die im Schloß überm Cher wie in einem Schiff eingeschlossen waren, entstanden die kleinen Rivalitäten, die kleinen Rankünen, wie sie für ein langes Zusammenleben auf engem Raum charakteristisch sind; die Hofdamen tauschten Sottisen aus. Die Gräfin von Fiesco, eine Italienerin, wählte vielleicht einen Band Petrarca, der sich unter die zahlreichen Erbauungswerke auf den Bücherregalen verirrt hatte, und las daraus laut ein Gedicht von der Treue bis über den Tod hinaus vor. Oder aber Louise blätterte unentschlossen in einer Gedichtsammlung mit Versen von Desportes, dem Hofdichter Heinrichs III., und las wieder einmal das seltsame Sonett, in dem von verzweifelten Gespenstern die Rede ist, die um das Grab streichen, wohin ein gewaltsamer Tod sie geworfen hat. Die Königin verabschiedete sich und ging in ihre Kapelle oder auf ihr Schlafzimmer; die Leute ihres Gefolges gingen zu Bett mit dem Gedanken, daß es sich in diesen schwierigen Zeiten eigentlich ganz gut in Chenonceaux aushalten lasse.

Das Schlafzimmer der Königin lag in einer Suite, die über den Fluß vorsprang und später bei einer Restaurierung des Schlosses beseitigt wurde; der Ort ihrer nächtlichen Träumereien ist heute die ungreifbare Luft. Man besitzt jedoch das Inventar ihrer Möbel in Chenonceaux; man kann sich vorstellen, wie sie eine ihrer schönen Truhen mit den komplizierten Eisenbeschlägen öffnet und vielleicht ein weiteres Mal die Botschaft des Königs liest: »Ma Mie... Rührt Euch nicht vom Fleck...« Er hatte an sie nicht mit seinem eigenen Blut geschrieben, wie an Maria von Cleve, aber der letzte Brief war für sie gewesen.

Man fragt sich, ob die obszönen Schmähschriften, die einst wie durch ein Vergrößerungsglas die Laster und Schwächen Heinrichs der Öffentlichkeit dargeboten hatten, dieser kleinen pathetischen Witwe jemals zu Gesicht gekommen waren. Hatte sie diese Pamphlete verachtet und auch hierin wie in allem anderen dem König bis zuletzt vertraut? Hatte sie inmitten dieses skandalumwitterten Hofes in einer Art vager Unwissenheit gelebt, oder war sie sich im klaren über die Vergehen Heinrichs und sah in ihnen nur einen weiteren Grund, um die Nächte im Gebet zu verbringen?

Vom Fenster aus sah sie zerstreut auf die dunkle Masse der Bäume, unter denen der Mann, den die Dichter einst mit Achill bei den Frauen verglichen hatten, an einem Maiabend das »Transvestiten«-Fest gegeben hatte. Fast alle damals mit Perlen und Geschmeiden behängten jungen Edelleute waren gestorben: Quélus, Livarot, Maugiron im Duell; Saint-Mégrin und Du Gast, der sie damals aus Nancy Heinrich zugeführt hatte, ermordet; der Herzog Anne von Joyeuse, ihr Schwager, umgekommen in einem der Scharmützel des Bürgerkriegs, vielleicht gerade noch rechtzeitig bevor er zur Partei der Liga überlaufen konnte ... Heinrich selbst ruhte, sicherlich schlecht, in seinem provisorischen Grab. Ein venezianischer Gesandter hatte einst bei einem Empfang im Louvre bemerkt, daß der Blick der Königin unentwegt auf den König geheftet war, ganz sicher aus Zärtlichkeit, vielleicht aber auch aus Furcht vor einem Attentat, das dann doch stattfand, allerdings in ihrer Abwesenheit. Diese treuen Augen mußten unzählige Bilder von Heinrich gespeichert haben. Sie sah den König am Tag ihrer ersten Begegnung in Lothringen wieder, den arbiter elegantiarum, das fast stereotype Modell eines Renaissancefürsten; dann das seltsame geschmückte und geschminkte Wesen, die funkelnde Erscheinung im Lärm und in der Schwüle nächtlicher Feste; dann den verstörten, von unheilbaren Ängsten gepeinigten Mann, wie an jenem Morgen, als er, erschreckt durch einen Traum von wilden Tieren, die ihn in Stücke rissen, die Löwen in den Gräben des Louvre von seinen Arkebusieren auf bestialische Weise erschießen ließ, ein Verbrechen, das sicher grausamer war als die notwendige Beseitigung der Guises. Und schließlich diesen vorzeitig gealterten Heinrich mit seinen Krankheiten, die sie gepflegt hatte, dem Husten, den Ohrenschmerzen, dem Abszeß am linken Arm, der Wundrose. Sechs Jahre, sieben Jahre, elf Jahre bereits ... Dieses Gebäude über dem Cher schien auf der Zeit zu segeln. Louise wurde vom Gemurmel des Wassers in den Schlaf begleitet.

Außer der Sorge um Heinrichs Seelenheil hatte

die weiße Königin zwei weitere fixe Ideen: die Bestrafung der Mörder des Königs und die Beschaffung einer endgültigen Grabstätte für Heinrich in Saint-Denis, bei seinen Vorfahren. Jacques Clément, der mörderische Mönch, den der König selbst noch an der Gurgel gepackt hatte, war zwar unter den Spießen der Wachen gefallen, aber dieser Jacques war nur ein Dolch gewesen; kundigere Hände hatten den Stoß gelenkt; er war von demselben Haus Lothringen veranlaßt worden, aus dem auch Louise stammte und auch Heinrichs schlimmste Feinde hervorgegangen waren. Die Königinwitwe überhäufte Heinrich von Navarra, der endlich den Thron bestiegen hatte, mit Bittschriften, in denen sie die Verfolgung der wahren Schuldigen verlangte, ohne Rücksicht auf Rang oder Titel. Aber Heinrich IV., der damit beschäftigt war, das Königreich nach Kräften zu befrieden, wollte die Aufmerksamkeit nicht wieder auf die alten Verbrechen lenken. Louise war auch die Erfüllung ihres zweiten Wunsches nicht beschieden: Es war nicht genügend Geld vorhanden, um diesen König, mit dem eine Dynastie untergegangen war, endlich standesgemäß zur letzten Ruhe zu betten.

Schon wurden neue Intrigen um Louises Refugium gesponnen. Die Maitresse Heinrichs IV. begehrte Chenonceaux mit der gleichen Heftigkeit, wie sie einst Diana von Poitiers gezeigt hatte, und der frisch gekrönte Bourbone war gegenüber seiner Schönen nicht weniger gefällig als Heinrich II. Gabrielle d'Estrées tat sich mit Katharinas Gläubigern zusammen, die der unglücklichen kleinen Königin pausenlos zusetzten: Der Sprecher dieser Gläubiger, ein gewisser Du Tillet, machte sich anheischig, Gabrielle bei der Versteigerung Chenonceaux' gegen eine Summe von zweiundzwanzigtausend Taler den Zuschlag zu verschaffen. Ein Gerichtsvollzieher, der von Paris gekommen war, forderte Louise auf, unverzüglich die riesigen Schulden der alten Königin zu begleichen; Plakate mit der Ankündigung des Verkaufs wurden an den Portalen des Schlosses angeschlagen, und Louise wurde unverblümt aufgefordert, sich aus dem Staub zu machen; das Parlament von Paris bestätigte die Pfändungsprozedur und verwarf die von der Witwe Heinrichs III. eingelegte Berufung.

Diese Justizschikanen scheinen von Gabrielle und ihrem königlichen Liebhaber als eine Art Artilleriebeschuß vor der Offensive gedacht gewesen zu sein, denn im Februar 1598 erschienen der schlaue Bearner und seine Maitresse höchstpersönlich in Chenonceaux, um der Königinwitwe einen Freundschaftsbesuch abzustatten. Katharinas Gläubiger sollten besänftigt werden, allerdings unter der Bedingung, daß der Bastard des Königs, César de Vendôme, der damals vier Jahre alt war, das Gut erben würde, nachdem man ihn mit einer leiblichen Nichte Louises verheiratet hätte. Dieser Besuch, der an einem nebligen und frostigen Morgen stattfand, brachte zwar ein wenig Leben in die öde Routine des Schlosses, forderte jedoch von der armen Schloßherrin wahre Wunder an Improvisationskunst, wollte sie ihre Gäste würdig empfangen. Louise sah in jenen Tagen am Hals Madame d'Estrées' die Kronjuwelen wieder, die sie einst getragen hatte, und man kann sich vorstellen, daß die reizende Gabrielle, jung, schön und neuerlich vom König schwanger, mehr oder weniger absichtlich einige Herablassung in ihre Hofknickse legte, die sie vor diesem alten Gespenst von einer Königinwitwe machte. Der *Vert Galant*, dieser gewitzte Geschäftsmann und Spezialist in gefälligen Bemerkungen und Komplimenten gegenüber den Damen, wurde spielend mit den letzten Bedenken einer erschöpften Frau fertig; im Mai, kurz nach der Geburt eines zweiten Bastards mit dem Siegesnamen Alexandre de Vendôme, kam das Paar wieder nach Chenonceaux, um die Einzelheiten dieses Plans auszuhandeln: Wahrscheinlich hat dabei die triumphierende Fruchtbarkeit Madame d'Estrées' in Louise bittere Erinnerungen an ihre eigene Sterilität wachgerufen, die ihr Unglück als Frau und ihr größtes Mißgeschick als Königin gewesen war.

Dieses ein wenig erniedrigende Abkommen sicherte Louise im Prinzip den Nießbrauch des Gutes, aber Du Tillet hatte nur für die Hälfte der Gläubiger einstehen können, worauf die Organisatoren dieses Kuhhandels wahrscheinlich gezählt hatten. Trotz der so mühsam geschlossenen Abmachungen erlaubte man dem Rest der Lieferanten Katharinas, die unglückliche Louise weiterhin so sehr zu bedrängen, daß sie Perlen verkaufen mußte, um dem Dringendsten abzuhelfen. Es ist anzunehmen, daß der Louise überlassene Nießbrauch nach Madame d'Estrées' Ansicht nur einen zeitlich

Louise de Lorraine

Gabrielle d'Estrees und ihre Schwester im Bad
Um 1592, Schule von Fontainebleau

begrenzten Kompromiß darstellte: Es bestand die Hoffnung, daß die Königinwitwe sich eines Tages in eines ihrer Lieblingsklöster zurückziehen würde, und daß Gabrielle, nach ihrem Aufstieg von der Herzogin zur Königin, nicht mehr zu lange warten müßte, um es sich mit ihrem kleinen Sohn in Chenonceaux bequem zu machen. Doch wie das Leben so spielt, starb die strahlende Herzogin nur einige Monate nach den zwei Besuchen in der Touraine an den Folgen einer schwierigen Schwangerschaft, und der nun quasi verwitwete König kam im darauffolgenden Jahr allein nach Chenonceaux, um die Urkunde zu unterzeichnen, die dem Kind Vendôme den Besitz des so begehrten Gutes sicherte.

Bei dieser königlichen Visite dürfte Louise die Bitte um Bestrafung der Mörder Heinrichs III. und um Überführung des verewigten Königs in sein Grab erneut vorgebracht haben. Jedoch vergebens. Erst zehn Jahre später, als Heinrich IV. seinerseits erdolcht worden war, beeilte man sich, die sterbliche Hülle des letzten Herrschers aus dem Hause Valois ohne jedes Dekorum in die Königsbasilika zu schaffen, da nach den Regeln der Etikette der Sarg des regierenden Königs am Eingang des Grabgewölbes vom Sarg des Königs in Empfang genommen werden mußte, der ihm auf dem Thron vorangegangen war. Doch da war Louise schon nicht mehr von dieser Welt.

Im Jahre 1601 verließ die kleine Königin mitten im Winter Chenonceaux, um die Einkünfte aus ihrem Herzogtum Bourbonnais einzuholen, das

Heinrich IV. ihr schließlich als Witwen-Leibgedinge zugestanden hatte. War es eine endgültige Abreise, zu der man sie zwang, oder hoffte sie, um einen Teil ihrer Geldsorgen erleichtert, nach Chenonceaux zurückzukehren? Man weiß es nicht. Auf alle Fälle vertrug die Königin das Frostwetter nicht: Sie wurde in Moulins krank und starb dort am 29. Januar. Man bettete sie in einer Kirche der Stadt zur vorläufigen Ruhe; von dort wurde sie dann in die Kapelle eines Pariser Klosters überführt, das sie mitgegründet hatte. Der Gedanke, für sich selbst eine königliche Grabstätte zu fordern, wäre ihr nie gekommen. Und doch bekam sie genau das. Zwei Jahrhunderte später, nach der Französischen Revolution, als man in Saint-Denis die verwüstete und von ihren Toten entleerte Königsgruft zu restaurieren begann, suchte man überall nach königlichen Gebeinen, um die zweckentfremdete Krypta schlecht und recht auszustatten. Man verfiel auf Louise, die so paradoxerweise inmitten leerer Gräber und zerschlagener Statuen ruht, neben den traurigen Särgen der letzten Bourbonen. Jedoch zu spät: Heinrich III. war nicht mehr da. *Mihi, sed in sepulchro*. Selbst im Grab sollte es Heinrich und Louise nicht beschieden sein, einander ganz anzugehören.

Über zwei Vierteljahrhunderte war Chenonceaux weiter nichts als ein prachtvolles und ein wenig vernachlässigtes Gebäude, dessen Säle gelüftet und dessen Spiegel poliert wurden, wenn das Schloß, was selten der Fall war, am Weg einer königlichen Rundreise lag. Zwölf Jahre lang hatte sich jedoch die Herzogin von Mercœur, Vormund des wirrköpfigen Intriganten César de Vendôme, dorthin in ein halb freiwilliges Exil zurückgezogen und nach besten Kräften dieses immer noch umstrittene Gut geführt, das heißt, einen Teil des Parks gerodet, um die Einkünfte aus der Landwirtschaft zu erhöhen. In den Speicherräumen des Schlosses brachte sie ein Kapuzinerinnenkloster unter. Um 1677 erschienen die Gerichtsvollzieher abermals, diesmal auf Veranlassung der Gläubiger von Césars Enkel, dem berühmt-berüchtigten Philippe de Vendôme; sie erwirkten eine Zwangsverwaltung, die zwanzig Jahre dauerte. Die Schulden des großen Vendôme waren fast so hoch wie die Katharinas; es fehlte nicht viel, und er hätte alle Bäume bis zum letzten fällen lassen, um seine gewaltigen Freßgelage zu bezahlen, seine Hetzhunde und die kostspieligen Gefälligkeiten der Kammerdiener. Im Jahre 1696 nahm der dicke Vendôme, dem die Launen des Krieges wieder zu Geld verholfen hatten, sein Gut von neuem in Besitz und brachte dort fünfundzwanzig Jahre lang einen alten Saufkumpan unter: Für diesen Herrn von Aulnay war das Schloß kaum mehr als eine Art Schenke. Nach dem Tod des großen verlotterten Kriegsmannes ging das Schloß an die Condés über, da der skandalöse Vendôme in seinen späten Jahren eine lächerliche Ehe mit einer häßlichen und trunksüchtigen Mademoiselle de Condé eingegangen war. Chenonceaux war für den Herzog, in dessen Hände es fiel, zu kostspielig; nach einigen Jahren verkauften die Condés das Gut an einen gewissen Claude Dupin, der seine Laufbahn als Einnehmer von Kopfsteuern begonnen hatte.

Im 18. Jahrhundert wurde Chenonceaux also wieder, was es zu Beginn seiner Geschichte gewesen war: der Besitz eines Finanzmannes. Monsieur Dupin war Generalpächter; seine Frau, Louise de Fontaine, galt als natürliche Tochter Samuel Bernards, des Rothschilds der damaligen Zeit; jedenfalls förderte dieser Bernard das junge Paar. Die beiden gehörten dem reichen, umtriebigen, nach modischer Kunst und Literatur gierigen Bürgertum an, das im 18. Jahrhundert tonangebend war. Die dunklen Wände der Gemächer Louises von Lothringen wurden weiß gestrichen; das Schloß wurde eine Stätte der Spiele und des Lachens, und auch der Schönen Künste, und selbst der Wissenschaften, denn im Zeitalter Newtons befaßten sich die Leute von Welt mit Physik.

Die Dupin hatten als Protegé und weitgehend als Kostgänger einen gewissen Jean-Jacques Rousseau, den man nicht mit seinem Namensvetter, dem für seine religiösen Dichtungen und seine angenehm schlüpfrigen Epigramme berühmten Jean-Baptiste verwechseln durfte. Dieser ziemlich unbekannte Jean-Jacques besaß schöne Augen, mittelmäßige Manieren, einen galligen Charakter, etwas gemildert durch das Bestreben, Erfolg zu haben und den Schönen zu gefallen, und eine Kenntnis der Musik, die zum Komponieren reizender Bluettes ausreichte. Seine literarischen oder musikalischen Hervorbringungen entsprachen dem Üblichen: eine ungespielte und wahrscheinlich unspielbare Komödie, eine Oper, die dank der Vermittlung eines Mitglieds der Familie Dupin fast aufgeführt worden wäre, und eine weitere, an der er nur mitgearbeitet hatte und die mit einigem Erfolg tatsächlich aufgeführt worden war, ohne daß sein Name auf dem Aushang genannt wurde. Und schließlich war er in einer Zeit, in der es ohnehin von Reformsystemen und -plänen wimmelte, der Erfinder einer neuen Notenschrift, die von den Fachleuten verachtet wurde, die er jedoch, so riet man ihm, den Damen der Gesellschaft näherbringen könnte. Auf den ersten Blick unterschied sich dieser talentierte Mann in nichts von einigen Dutzend Schreiberlingen oder Notenkritzlern, die in die große Stadt gekommen waren, um dort ihr Glück zu machen. Zudem war dieser Schweizer, der sich in Paris zur Geltung bringen wollte, bereits fünfunddreißig, also am Übergang zwischen Jugend und Alter, ein kritischer Zeitpunkt für ein derartiges Unternehmen. Hätte man, woran niemand dachte, seine Vergangenheit ein wenig unter die Lupe genommen, dann wäre man wohl auf jämmerliche, schändliche und fragwürdige Dinge gestoßen: Armut, Landstreicherei, Lakaiendienst, Hang zur Faulheit und zu Diebereien, Krankheit oder chronische Hypochondrie, sexuelle Manien oder Verdrängungen, Ausnützung der mütterlichen Großzügigkeit einer leicht verrückten und charmanten Frau. Bei noch genauerem Hinsehen hätte man auch einen Hang zu leidenschaftlicher Träumerei entdeckt, der dieser überfeinerten und gefühlsarmen Gesellschaft lächerlich vorgekommen wäre, und schließlich, im Verbund mit allen verborgenen Schwächen und Erbärmlichkeiten, die noch tiefer vergrabene Begabung zum Reformator, die Unfähigkeit, die Welt, wie sie ist, zu verehren oder hinzunehmen.

Die Beziehungen zwischen Rousseau und Madame Dupin begannen mit einem Mißverständnis. Sie hatte ihn an ihrem Frisiertisch empfangen, mit aufgelöstem Haar, nackten Armen und einem lässig übergeworfenen Negligé; der schüchterne Bittsteller, dem die Pariser Nonchalance wenig vertraut war, glaubte an eine auffordernde Geste. Sollte der Portraitist Nattier nicht gelogen haben, so besaß Madame Dupin die zarte Schönheit einer Sèvres-Figurine; sie war über die erste Jugend hinaus und ungefähr so alt wie die zärtliche Maman von Les Charmettes, die Rousseau die ersten Lektionen in Wollust erteilt hatte, und auch so alt wie Madame de Larnage, deren Gunstbezeigungen er einigen zufällig in derselben Herberge verbrachten Nächte verdankte; wie die beiden anderen Liebhaberinnen gehörte Madame Dupin der Welt der wohlgeborenen oder fast wohlgeborenen Frauen an, von der dieser Handwerkerssohn immer träumte. Sie war brillant, eine Freundin der Künste, von eleganter Kultiviertheit und entsprach für ihn einen Augenblick lang jenem köstlichen Phantasiebild, das er dann, dauerhafter, auf Madame d'Houdetot übertrug, um ihm schließlich in der Julie der *Nouvelle Héloïse* Leben und Realität zu verleihen. Er schrieb eine leidenschaftliche Liebeserklärung, die ihm mit hochmütiger Verachtung zurückgegeben wurde. Madame Dupin war tugendhaft, ein bemerkenswerter Zug bei dieser Tochter und Schwester leichtlebiger Frauen. Trotzdem ist es wohl zweifelhaft, ob sie einen verliebten Herzog ebenso unverblümt hätte abblitzen lassen.

Doch wenn Rousseau auch zu gering war, um eine schonende Abweisung zu verdienen, so war er ebenfalls zu gering, um mit einer andauernden Rankküne bestraft zu werden. Madame Dupin gab ihm für eine Woche ihren Sohn in Obhut, der vorübergehend ohne Hauslehrer war. Dem jungen Dupin de Chenonceaux war es bestimmt, beim Kartenspiel einen Gutteil des Geldes durchzubringen, das sein Vater beim Eintreiben der königlichen Steuern verdient hatte, oder das aus den Spekulationen des Samuel Bernard stammte. Er endete auf der Insel Bourbon, wohin ihn die Familie nach einem Skandal geschickt hatte. Dieser wenig für das Studium begabte Schüler ging Rousseau dermaßen auf die Nerven, daß dieser, wenn man seinen Worten trauen darf, nicht bereit gewesen wäre, sich auch nur noch eine Woche länger mit ihm zu beschäftigen, selbst wenn Madame Dupin ihm dafür ihre Gunst geschenkt hätte. Leichter tat sich Jean-Jacques mit dem Stiefsohn seiner Beschützerin, Dupin de Francueil, den er Chemie lehrte, von der er mindestens so wenig verstand wie sein Schüler. Man ließ ihn auch Madame Dupins kleine Schriften ins reine schreiben, darunter unter anderen ein *Traktat über das Glück*, Titel und Thema, die im 18. Jahrhundert ebenso dem Zeitgeist entsprachen, wie dies heute ein *Traktat über die Angst* tun würde. Rousseau verkehrte als Subalterner auch im Palais Lambert, in dem die Finanzleute während ihrer Pariser Aufenthalte in einem ebenso prachtvollen Rahmen lebten wie auf Chenonceaux, wo dieser Jean-Jacques aber an den Tagen, an denen man die Französische Akademie empfing, Hausverbot hatte.

Diese Beschäftigungen dauerten fünf Jahre und wurden nur durch einen Aufenthalt in Venedig unterbrochen, wo Rousseau als Sekretär des französischen Botschafters fungierte, mit dem er sich heftig zerstritt. Ein ziemlich mageres Salär von jährlich neunhundert Pfund wurde durch diskrete Gratifikationen aufgebessert, die Madame Dupin dem unehelichen Anhang ihres *homme de lettres* zukommen ließ, und Rousseau, den Geschenke von Frauen immer rührten, wies diese kleinen Zuwendungen nicht zurück, während er später, als gestandener Philosoph, wütend die Buttertöpfe eines Bewunderers ablehnen sollte. Im Jahre 1747 nahmen ihn die Dupin für den Herbst mit nach Chenonceaux.

Diese Einladung mußte einem Mann gefallen, der seit zwei Jahren in Pariser Absteigen eingepfercht gewesen war. Vielleicht kam dazu auch noch die Erleichterung, wenigstens für einige Zeit von der dümmlichen Thérèse wegzukommen, die er sich geschworen hatte, nie sitzenzulassen und nie zu heiraten, weg von ihr und von einer ganzen verheerenden Familie zur linken Hand. Aber die Herrensitze der Pariser Gesellschaft haben, bis hin zu La Raspelière der Verdurin, immer nur als ländliches Dekor für die aus der Stadt mitgebrachten Vergnügungen gedient, und was der Gast, der damals ja erst der Komponist der *Muses galantes* war, dort wiederfand und an diesem opernhaften Dekor goutierte, war der Luxus des Palais Lambert, versetzt an das Ufer der Wasser und unter die Bäume, waren die Violinen, die Cembali, war die Chance, mit seinen kleinen gesellschaftlichen Talenten brillieren zu können, ohne die er kein Kind seines Jahrhunderts gewesen wäre:

»Im Jahre 1747 verbrachten wir den Herbst in der Touraine, auf dem Schloß Chenonceaux, dem Königssitz am Cher, der heute Monsieur Dupin, dem Generalpächter, gehört. Wir amüsierten uns sehr an diesem schönen Ort; wir aßen ausgezeichnet; ich wurde dort fett wie ein Mönch. Es wurde viel musiziert. Ich komponierte dort mehrere Gesangstrios, voll kühner Harmonien … Man spielte Theater. Ich schrieb in vierzehn Tagen eine Komödie in drei Akten mit dem Titel *L'engagement téméraire*. Ich verfaßte andere kleine Werke, darunter ein Stück in Versen mit dem Titel *L'Allée de Silvie*, nach dem Namen einer Allee des Parks, der an den Cher grenzt; und das alles geschah, ohne daß ich meine Arbeit über die Chemie unterbrach oder meine Beschäftigung an der Seite Madame Dupins.«

Allein dieser kurze Text, das einzige Dokument, das uns von den Ferien in der Touraine bleibt, würde schon hinlänglich beweisen, daß die Poesie der Geschichte für die Präromantik noch kein Thema war. In Chenonceaux ließ Jean-Jacques sich nicht von gefühlvollen Gedanken an die Vergangenheit bewegen.

Während dieser vier oder fünf Wochen angestrengter Vergnügungen geschah für Rousseau also nichts Wesentliches: Ein Intermezzo à la Watteau, eine Fermate im Leben dieses Unentschlossenen, der noch nicht wußte, wohin sein Genie ihn führen würde. Und doch ist jeder Mensch so vollständig in jedem Fragment seines Lebens enthalten, daß es nicht schwer fällt, in Chenonceaux den ganzen Jean-Jacques wiederzufinden. Die Hausherrin zählte zu den kleinen, mehr geträumten als erlebten romantischen Erfahrungen, die diesen linkischen Verehrer schließlich zu der glühenden Mischung aus Weisheit und Wahn des zweiten Teils der *Nouvelle Héloïse* geführt haben, einem der zugleich schönsten und verkanntesten Liebesromane. Seine beiden Schüler, Dupin de Chenonceaux und Dupin de Francueil, der Kartenfreund und der Chemieliebhaber, waren für Rousseau einer seiner seltenen Versuche in praktischer Pädagogik gewesen; sie haben ihn vielleicht zu einigen Erziehungsregeln und Ratschlägen im *Émile* inspiriert, den er 1761 der jungen und rührenden Madame de Chenonceaux widmete, der melancholischen Gattin des auf die Insel Bourbon verstoßenen Spielers. Die während des Herbstes in der Touraine komponierten Trios waren die Vorläufer der Trios zu *Le Devin du village*; in den Alleen des Parks trug er sich bereits mit den Träumereien eines einsamen Spaziergängers; die kunstvoll dosierte Höflichkeit der Hausherrin oder eines distinguierten Gastes, die Unverschämtheit eines Dieners, der in ihm den ehemaligen Domestiken witterte, haben ihm vielleicht Anlaß gegeben, über die Ungleichheit der Menschen nachzudenken; was er vom Vermögen des Generalsteuerpächters wußte, hat ihn vielleicht im *Contrat social* zu einigen Bemerkungen über das Steuergebaren von Monarchien veranlaßt. Diese Leute von Welt, die sich so komfortabel in ihrer Zeit eingerichtet hatten, daß sie deren Kühnheiten akzeptierten, solange sie ihnen gefahrlos schienen, diese Leute ahnten nicht (so wenig wie Rousseau selbst), daß ihr zu gut genährter Sekretär in Chenonceaux dabei war, einerseits der Romantik und andererseits der Revolution den Weg zu ebnen.

»Der Schreiberling Monsieur Dupins« kehrte wieder in die Rue Saint-Jacques zurück. »Während mir in Chenonceaux vor gutem Essen der Bauch schwoll, schwoll der Bauch der armen Thérèse in Paris aus anderen Gründen.« Eine schwierige Lage, die ihn auf den Gedanken brachte, zur Institution des Findelheims Zuflucht zu nehmen. Für seine Nachkommen im Geiste hat er besser gesorgt, da sein direkter oder indirekter Einfluß auch heute noch in fast allen Angelegenheiten, die uns berühren, weiterlebt, ob es sich nun um Literatur oder Erziehung handelt, um die Beziehungen des Menschen zur Natur oder zum Staat; sein Streben nach Aufrichtigkeit bis in die verborgensten Bezirke hat unsere Auffassung vom Menschen verändert, und sein leidenschaftliches Bemühen, das Leben von allem Konventionellen und Überflüssigen zu befreien und so wieder zu den grundlegenden Werten vorzustoßen, hat sich über eine lange Reihe von Zwischenstationen auf Ibsen, auf Shaw, auf D.H. Lawrence übertragen und, durch die Vermittlung Tolstois, auf Gandhi. In den *Confessions* beendet der Besuch in Chenonceaux gewissermaßen Jean-Jacques' gesellschaftliche Lehrjahre; er kommt nun seltener mit den Dupin zusammen, ein wenig, weil er sich enger an die junge Madame de Chenonceaux, geborene Rochechouart, anschließt, die von Madame Dupin, ihrer Schwiegermutter, anscheinend tyrannisiert wurde, vor allem aber, weil er sich von nun an immer mehr in sein Werk versenkt. Er ist heute der einzige Mann, dessen Spuren wir im glanzvollen Chenonceaux des 18. Jahrhunderts suchen, in der schillernden Gästeschar eines Spätsommers.

Nach dem Tod des Generalpächters zog Madame Dupin sich endgültig auf ihr Landgut zurück; der Besitz fiel so wieder in die Hände einer Witwe, die ebenfalls Louise hieß. Doch diese Witwenschaft hatte nichts Tragisches. Dreißig Jahre lang führte Madame Dupin in diesem schönen Wohnsitz ein geruhsames Leben. Selbst die Revolution störte kaum die Lethargie des hohen Alters; der Dorfgeistliche, der den neuen Ideen zuneigte, war ein Freund des Hauses; er ließ die Hitzköpfe auf die Wappenschilder einschlagen und die Dokumente mit den königlichen Unterschriften verbrennen, aber als einige Wirtshauspatrioten vorschlugen, man solle doch dieses Haus, das den Tyrannen gehört habe, zerstören, da holte er wieder das alte Argument der Anwälte Diana von Poitiers' hervor: Chenonceaux sei von Privat auf Privat übergegangen und nie Besitz der Krone gewesen. Zudem sei dieses Schloß eine Brücke, und gute Republikaner zerstörten keine Brücken. Madame Dupin spendete Geld für revolutionäre Wohlfahrtsvereine; sie lieh einem Theater, das zur »Volksaufklärung« dienen sollte, Kulissen, die vielleicht bei der Aufführung von *L'engagement téméraire* verwendet worden waren. Nachdem der Sturm abgeflaut war und der Reformeifer sich verzeihlicherweise im Sande verlaufen hatte, zeigte sie ihren seltenen Besuchern lächelnd das Schlafzimmer des Mannes, den sie den Bären aus Genf nannte und der inzwischen zum Rang eines gefährlichen Jakobiners und eines großen Mannes aufgestiegen war. Vielleicht schmeichelte die Erinnerung an die Liebesglut, die Jean-Jacques vor vierzig Jahren gezeigt hatte, der nun neunzigjährigen Dame. Vielleicht hatte sie aber auch diese Episode längst vergessen.

Das Gut am Ufer des Cher gehörte zwei Drittel des 19. Jahrhunderts dem Grafen von Villeneuve, Enkel von Dupin de Francueil. 1845 besuchte George Sand, geborene Aurore Dupin, in Begleitung ihres Sohns Maurice die Cousins von Chenonceaux; aus einem ihrer Briefe erfahren wir, daß sie über die Schönheit des Ortes in Verzückung geriet, ganz besonders die »im alten Stil« arrangierte Innenausstattung zu würdigen wußte und mit mütterlicher Nachsicht vermerkte, daß es Maurice großen Spaß machte, seinen Nachttopf aus den Fenstern des Schlosses in den Fluß zu leeren. Später fiel das Gut in die Hände einer gewissen Madame Pelouze, der Schwester des Defraudanten Wilson, der wiederum der jämmerliche Schwiegersohn des Staatspräsidenten Grévy war. Die Geschwister gaben in Chenonceaux Wahlpartys, denen der Hautgout der Skandale der Dritten Republik anhaftete. Madame Pelouze und ihr Bruder waren schottischer Herkunft: Möglicherweise haben die zweifelhaften Börsenmakler, die zur Stunde der Zigarre aus Paris gekommen waren, für ihre Gastgeberin Komplimente über Maria Stuart gedrechselt. Wahrscheinlicher ist jedoch, daß ihre Kenntnis der Geschichte des Schlosses sich auf den zweiten Akt der *Hugenotten* von Meyerbeer beschränkte, der bekanntlich in den Gärten von Chenonceaux spielt und durch eine große Arie der Königin Margot über »la belle Touraine« eröffnet wird. Auf alle Fälle haben die blonde Madame Pelouze und ihr findiger Bruder alle Mühe darauf verwandt, ihren Besitz im Stil Meyerbeers und Scribes auszuschmücken.

Es war zwar nicht das erste Mal, daß sich das Geld von betrügerischen Geschäftemachern über Chenonceaux ergoß, aber die Bohier-Semblançay hatten wenigstens noch Geschmack gehabt: Eines der schlimmsten Mißgeschicke, das dem Schloß zustieß, waren die »Verschönerungsarbeiten«, die das Geschwisterpaar Pelouze–Wilson unter der Leitung des Architekten von Sainte-Clotilde ausführen ließ. Madame Pelouze machte Schulden, die sie nicht einmal durch den Verkauf des Kreuzes der Ehrenlegion decken konnte; der Bankrott der Besitzerin und die Pfändung des Schlosses waren für Chenonceaux altgewohnte Katastrophen.

Vor dieser Buffo-Episode erhielt der alte Herrensitz noch einen königlichen Besuch. Der sechsundzwanzigjährige Gustave Flaubert, der 1847 mit Maxime Du Camp zu einer langen Bretagne-Tour aufgebrochen war, machte Chenonceaux zu einer der Voretappen seiner Wanderung. Die beiden Reisenden bewunderten die »einmalige Lieblichkeit« und die »aristokratische Heiterkeit« des Schlosses. Man zeigte ihnen die Gemächer, die damals besichtigt werden konnten, und die kurzen Anmerkungen Flauberts in *Par les Champs et par les Grèves* vermitteln eine Idee von dem, was dieses dezente und alles andere als luxuriöse Interieur gewesen war, bevor Madame Pelouze ihm den Henrideux-Stil des Zweiten Kaiserreichs überstülpte. Man vergaß auch die Küche nicht, und Flaubert, vielleicht vom langen Fußmarsch ausgehungert und wie immer empfänglich für die Poesie der Speisen, war entzückt über die Vielfalt der dampfenden Töpfe, deren Inhalt er sich jedoch nicht, wie der glücklichere Jean-Jacques, zu Gemüte führen konnte. Aber die historische Phantasie hatte sich seit der Zeit Rousseaus weiterentwickelt. In *L'éducation sentimentale* verfällt Frédéric Moreau in Fontainebleau, nachdem er seiner charmanten und banalen Maitresse in Gedanken den Laufpaß gegeben hat, in eine glühende Träumerei vor den Bildern und Emblemen der Diana von Poitiers. Flaubert selbst scheint diese Szene in Chenonceaux erlebt zu haben. Im sogenannten Diana-Zimmer zeigte man ihm ein Bett mit weinrotem und weißem Damasthimmel, das angeblich der Favoritin gehört hatte, und er dachte, wie wonnig es sein müßte, sich auf einer Matratze auszustrecken, auf der die Maitresse eines Königs aus dem Hause Valois gelegen war, eine Wollust, die seiner Meinung nach auch greifbare Realitäten nicht überbieten könnten. Man zeigte ihm alte Portraits, vor denen er von Bällen und Duellen vergangener Zeiten träumte. In einem Fechtsaal zeigte man ihm auch Rüstungen, ein gewaltiges Jagdhorn, einen Steigbügel, der angeblich Franz I. gehört hatte, und die Fayencen Katharina von Medicis. Das Touristenzeitalter hatte begonnen.

Wechseln wir nun die Perspektive: Verlassen wir diese allzu bekannten Figuren, diese Laterna-magica-Silhouetten der französischen Geschichte und Literatur. Wenden wir einen Gedanken anderen, aufeinanderfolgenden Insassen des Schlosses zu, namenlosen Bewohnern, deren Anzahl die der Berühmtheiten überstieg, die wir kennen oder zu kennen glauben: die Domestiken mit ihren Arbeiten, ihren Intrigen, ihren Sorgen, die Köche, die in den Gewölben der ehemaligen Mühle geschlachtet haben, gerupft, ausgeweidet, tranchiert, gebraten und blanchiert, vier Jahrhunderte hindurch Tausende von Mahlzeiten zubereitet haben, an die Diener, die Saison um Saison das Wandermobiliar, das die Renaissance-Fürsten und -Edelleute von Schloß zu Schloß mit sich führten, ausräumten und wieder einräumten; an die Leute, die Katharina von Medicis Truhen polierten und die vergoldeten Boiserien der Dupin abstaubten; an die Scapins und Mascarilles des Chevalier d'Aulnay und an die Bonnen in weißen Schürzen des Grafen von Villeneuve: Treten wir nun aus dem Schloß: Denken wir an die Gärtner, die die Rabatten und Parterres anlegten, hegten und pflegten, an die namenlosen Dynastien von Pächtern und Wildhütern, die wohl auch ihre Geizkragen und Verschwender, ihre herrschsüchtigen Frauen und ihre traurigen Witwen aufwiesen. Denken wir an die Maurer, die auf ihren Gerüsten standen, an den Architekten, der seinen Plan befragte und sicher am besten in der Lage war, kennerisch die Schönheit des Materials oder die Kühnheit der Strukturen zu genießen. Gehen wir noch ein Stückchen weiter: Denken wir an die unzähligen Generationen von Vögeln, die um die Mauern geschwirrt sind, an die kunstvolle Architektur der Nester, an die königlichen Genealogien der Tiere des Waldes und an ihre prunklosen Höhlen oder Unterschlupfe, an ihr Leben in der Verborgenheit, an ihren fast immer tragischen und so oft vom Menschen herbeigeführten Tod. Einen Schritt weiter die Alleen entlang: Denken wir an die große Rasse der Bäume, die an dieser Stelle aufeinander gefolgt sind oder einander verdrängt haben, und im Vergleich zu deren Alter vier oder fünf Jahrhunderte nicht sehr viel bedeuten. Noch einen Schritt weiter von jeder menschlichen Geschäftigkeit kommt das Wasser des Flusses, das älter und neuer ist als alle Formen und seit Jahrhunderten die Lumpen der Geschichte wäscht. Der Besuch der alten Wohnsitze kann zu unerwarteten Einsichten führen.

Mount Desert Island
1956 und 1961

Bildnachweis

Archiv für Kunst und Geschichte, Berlin: 19, 20, 29, 30, 57, 58

Marguerite Yourcenar

Alexis oder der vergebliche Kampf
Roman. Band 10071

Chenonceaux
Schloß der Frauen
Band 12922

Der Fangschuß
Roman. Band 5475

Die schwarze Flamme
Roman. Band 10072

Eine Münze in neun Händen
Roman. Band 5476

Gedenkbilder
Eine Familiengeschichte. Band 5472

Lebensquellen
Eine Familiengeschichte. Band 5473

Liebesläufe
Eine Familiengeschichte. Band 10499

Mishima oder die Vision der Leere
Essay. Band 5474

Fischer Taschenbuch Verlag

fi 913 / 5